DK·一分钟科学

英国DK公司 / 编著　梅剑华 孟佳莹 / 译

哲学

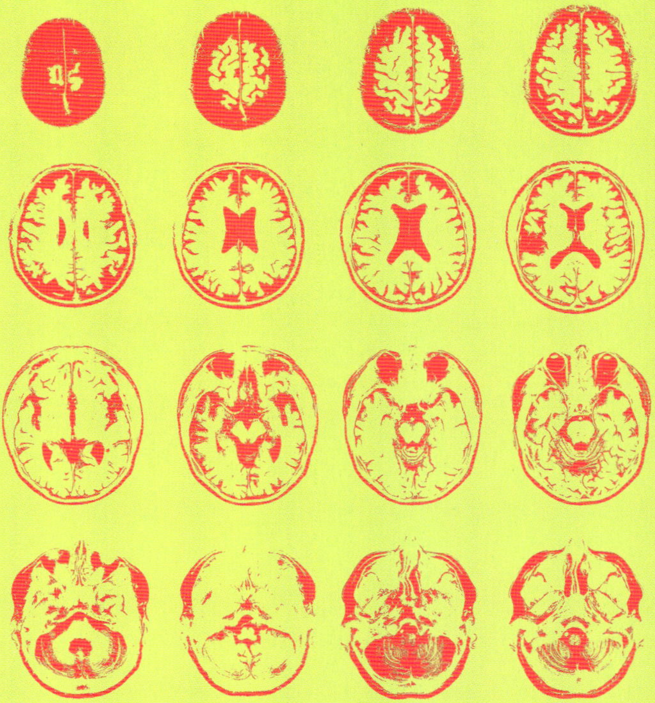

电子工业出版社
Publishing House of Electronics Industry
北京·BEIJING

Orginal Title: Simply Philosophy
Copyright © Dorling Kindersley Limited,2021
A Penguin Random House Company

本书中文简体版专有出版权由Dorling Kindersley Limited授予电子工业出版社，未经许可，不得以任何方式复制或抄袭本书的任何部分。

版权贸易合同登记号　图字：01-2023-2631

图书在版编目（CIP）数据

哲学 / 英国DK公司编著；梅剑华，孟佳莹译. --北京：电子工业出版社，2023.8
（DK一分钟科学）
ISBN 978-7-121-45808-8

Ⅰ. ①哲⋯　Ⅱ. ①英⋯ ②梅⋯ ③孟⋯　Ⅲ. ①哲学－青少年读物　Ⅳ. ①B0-49

中国国家版本馆CIP数据核字（2023）第111907号

责任编辑：苏　琪　特约编辑：刘　芳
印　　刷：惠州市金宣发智能包装科技有限公司
装　　订：惠州市金宣发智能包装科技有限公司
出版发行：电子工业出版社
　　　　　北京市海淀区万寿路173信箱
邮　　编：100036
开　　本：889×1194　1/16
印　　张：10
字　　数：162.5千字
版　　次：2023年8月第1版
印　　次：2023年8月第1次印刷
定　　价：78.00元

凡所购买电子工业出版社图书有缺损问题，请向购买书店调换。若书店售缺，请与本社发行部联系，联系及邮购电话：（010）88254888，88258888。
质量投诉请发邮件至zlts@phei.com.cn，盗版侵权举报请发邮件至dbqq@phei.com.cn。
本书咨询联系方式：（010）88254161转1868，suq@phei.com.cn。

www.dk.com

顾问

马库斯·威克斯在大学时期学习的是音乐和哲学，在当过教师、钢琴修复师和音乐家之后，他开始了自己的作家生涯。他撰写了许多关于哲学、心理学和艺术的书籍。

撰稿人

道格拉斯·伯纳姆是英国斯塔福德郡大学的一名退休哲学教授。他写了大量关于康德、尼采和美学的文章。

丹尼尔·拜恩是一名编辑和作家，曾在英国牛津布鲁克斯大学学习哲学。他对社会和政治哲学特别感兴趣。

安德鲁·舒德克是一名作家和编辑，曾在英国剑桥大学学习哲学，主攻方向为心灵哲学。

罗伯特·弗莱彻曾在英国诺丁汉大学、英国雷丁大学和英国牛津大学教授哲学，他作为已退休的教师和学者，仍在做牛津大学继续教育部的导师工作。

玛丽安·塔尔伯特，是英国牛津大学继续教育部的哲学研究员，她自1987年毕业后就在牛津大学工作。

大卫·韦伯是英国斯塔福德郡大学的哲学教授。他的兴趣包括科学、历史认识论、政治和对巴切拉德、福柯、塞雷斯的研究。

目录

7 **什么是哲学?**
　　导言

思考这个世界

10 **摒弃神话**
　　理性与观察
11 **单一来源**
　　第一实体
12 **未知的起源**
　　无定
13 **数字法则**
　　数学真理
14 **万物皆流**
　　逻各斯
15 **变化无法实现**
　　芝诺悖论
16 **忒修斯之船**
　　跨时间同一
17 **永恒的原子**
　　原子论
18 **理念的王国**
　　理念论
19 **影子世界**
　　洞穴之喻
20 **世间的形式**
　　亚里士多德式本质主义
21 **事物的本性**
　　四因
22 **万物皆有目的**
　　亚里士多德式目的论
23 **不动的推动者**
　　第一因
24 **神因**
　　上帝的意志
25 **漂浮的人**
　　空间中的同一
26 **上帝存在吗?**
　　本体论证明
27 **宗教和哲学相容吗?**
　　理智的统一
28 **普遍观念**
　　共相
30 **发条世界**
　　一元论
31 **心智的宇宙**
　　单子论
32 **我思故我在**
　　怀疑的方法
33 **一分为二的实在**
　　实体二元论
34 **理性主义**
　　理性真理
35 **人们与生俱来的观念**
　　天赋观念
36 **经验主义**
　　经验真理
37 **所有知识都可以通过学习获得**
　　白板说
38 **只有观念存在**
　　主观唯心论
39 **不存在外部世界**
　　怀疑论
40 **审视科学**
　　归纳问题
41 **休谟之叉**
　　必然真理和偶然真理
42 **两类知识**
　　先天与后天知识

43 **两种判断**
   分析与综合判断
44 **我们的心智塑造了这个世界**
   先验观念论
45 **自在世界**
   自在之物
46 **世界是精神的**
   绝对观念论
47 **现实是一个过程**
   辩证法
48 **内驱力**
   意志
49 **上帝已死**
   视角主义
50 **有用即真理**
   实用主义
51 **作为工具的观念**
   工具主义

存在与语言

54 **我们想要表达什么**
   含义与指称
55 **拆分语言**
   描述理论
56 **真与意义**
   逻辑实证主义
57 **描画世界**
   意义图像论
58 **语词的使用**
   语言游戏
59 **不存在私人语言**
   私人语言论证
60 **"我"的意义**
   日常语言

61 **所有的天鹅都是白色的?**
   可证伪性
62 **意识是有意向的**
   现象学
63 **探究意识**
   悬置
64 **存在与时间**
   生存现象学
66 **荒谬与焦虑**
   存在主义
67 **理解是循环的**
   诠释学
68 **定义女性**
   女性的社会角色
69 **展示性别**
   身份和性别
70 **人之死**
   人文主义的终结
71 **差异的意义**
   结构主义
72 **流变的意义**
   后结构主义
73 **文本之外无他物**
   解构主义
74 **地方性真理**
   后现代主义
75 **科学调适**
   范式转换

心灵与物质

78 **身体与心灵**
   二元论
79 **世界是因果完备的**
   物理主义

80 没有效用的心灵
　　副现象论
81 人类还是僵尸？
　　他心问题
82 即刻经验
　　感受质
83 质疑感受质
　　盒子里的甲壳虫
84 身体语言
　　行为主义
86 心灵就是大脑
　　心脑同一论
87 神话般的心灵
　　取消式唯物主义
88 机器能思考吗？
　　功能主义
89 人类的理解
　　句法与语义
90 一个更大机器的齿轮
　　身心平行论
91 一个无法解开的谜团
　　神秘主义

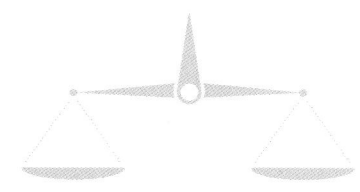

正确与错误

94 语词与行动
　　元伦理学和规范伦理学
95 有德行的生活
　　美德伦理学
96 八正道
　　佛教

97 五常
　　儒家思想
98 道德后果
　　后果主义
99 道德法则
　　义务论
100 快乐原则
　　享乐主义
101 幸福等同于善好
　　伊壁鸠鲁主义
102 最大化的善
　　功效主义
104 "是"与"应该"的鸿沟
　　事实与价值的区分
105 嘘声理论
　　主观主义和情绪主义
106 普遍规则
　　绝对命令
107 好即是好
　　自然主义谬误
108 普遍价值
　　道德普遍主义
109 主观价值
　　道德相对主义
110 命运还是自由选择？
　　自由意志和决定论
112 道德价值的起源
　　主奴道德
113 超越善与恶
　　超人
114 道德选择
　　电车难题
115 现实世界的伦理学
　　应用伦理学
116 动物的苦难
　　动物伦理学
117 深层生态学
　　环境伦理学

政治与权利

- 120 **智慧领袖**
  哲人王
- 121 **统治的方式**
  政体的类型
- 122 **天命所归**
  君权神授
- 123 **严刑峻法**
  法家
- 124 **混乱恶于暴政**
  统治的君主
- 125 **保护自然权利**
  有限政府
- 126 **民治**
  人民主权
- 127 **透明市场**
  看不见的手
- 128 **阶级冲突**
  辨证唯物主义
- 129 **工人社会**
  共产主义
- 130 **虚假意识**
  批判理论
- 131 **常人**
  规训权力
- 132 **国家控制**
  极权主义
- 133 **压制的心理**
  双重意识
- 134 **抛弃政府**
  无政府主义
- 135 **为国家辩护**
  国家主义
- 136 **作为公平的正义**
  社会自由主义
- 137 **作为自由的正义**
  自由至上主义
- 138 **性别平等**
  女性主义
- 139 **无限的身份**
  酷儿理论

逻辑与论证

- 142 **质疑答案**
  苏格拉底问答法
- 143 **三段论**
  亚里士多德逻辑
- 144 **逻辑结论**
  演绎论证
- 145 **概率结论**
  归纳论证
- 146 **评价论证**
  强有力的论证
- 148 **辨析糟糕的论证**
  逻辑谬误
- 150 **审查证据**
  科学方法
- 151 **从简的逻辑**
  奥卡姆剃刀
- 152 **逻辑结构**
  命题演算
- 154 **使用量词**
  谓词演算
- 156 **索引**

什么是哲学？

柏拉图说："哲学源于惊奇。"我们对世界以及我们自身在世界中所处的位置怀有与生俱来的好奇心。正是受到这种好奇心的驱动，哲学应运而生。在古代，人们对他们所看到的事物和经历的事件感到好奇，并困惑于世界为何如此。各种宗教为人们提供了不同的答案，将自然界发生的事件描述为上天或神灵的行为。在人类早期文明中，人们希望得到满足他们理性思考能力的解释。

西方哲学以注重理性和观察为基础，以公元前6世纪希腊学者所研究的内容为核心。泰勒斯和德谟克利特等思想家研究了物理世界的结构和组成。他们的理论为后世物理科学的发展铺平了道路。大约在同一时期，印度和中国思想家从不同文化和宗教角度思考了类似问题。随着社会日趋复杂，东西方早期哲学家把注意力都转向了人世。他们提出了关于痛苦的本质、我们应该如何生活以及我们如何理解这个世界等问题。

纵观历史，存在不同的哲学思想流派，彼此的想法往往直接对立。但哲学关乎提出问题、审视观点、进行辩论和理性论证。哲学本身并不为我们提供明确答案，而首先是一个主动的过程。哲学关注宇宙和我们所处地位的基本问题。这不仅是学院哲学家的领域，而且是一项我们人人都可以参加的智性活动：当我们看到身处其中的宇宙并感到惊奇时，我们就已经开始参与了。

思考这个世界

哲学起源于一种不依赖宗教或神话观念而理解世界的尝试。它围绕两个普遍问题展开："实在的本质是什么？"（形而上学的主题）和"知识的本质是什么？"（认识论的主题）。这些问题的答案分为两大流派：理性主义认为推理是最可靠的知识来源，而经验主义则强调感觉经验的重要性。早期的哲学家也是同时代的科学家，直到17世纪，物理科学才从哲学中脱离出来。

神话
在米利都学派之前,希腊人相信诸如风暴之类的自然事件是由神造成的。

自然
米利都学派认为关于神的神话通常是非理性的,并且不需要用来解释自然事件。

摒弃神话

公元前6世纪,第一批西方哲学家生活在希腊城邦米利都。米利都学派质疑诸神存在这一信念,相反,他们认为世界存在自然秩序。仅仅根据理性和观察,米利都学派开始寻找宇宙的本原或隐含原则。他们的研究为未来的科学和哲学思想铺平了道路。

> "理智是敏捷之物,因为它能穿过所有的东西。"
> ——米利都的泰勒斯

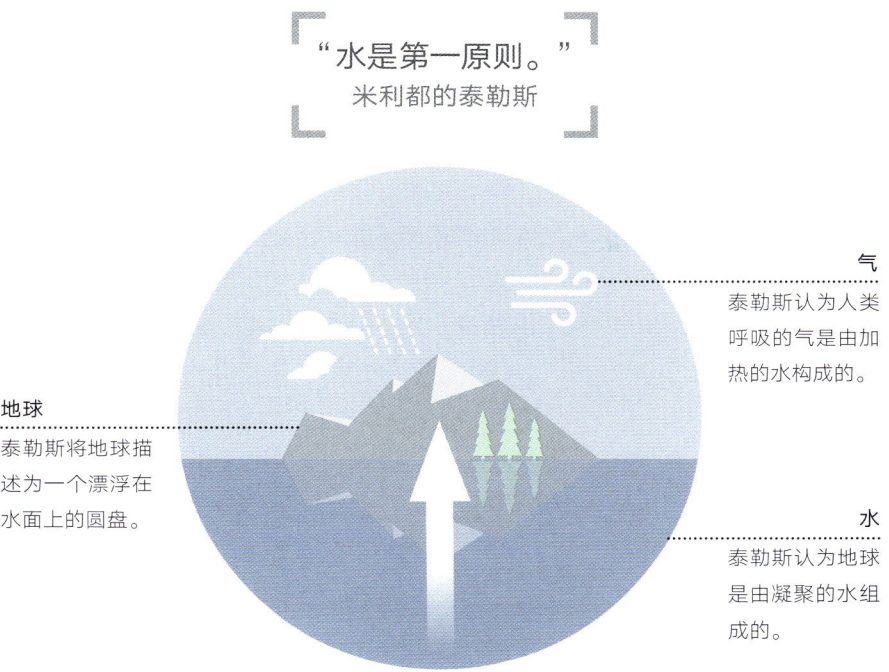

单一来源

多年来，米利都的泰勒斯（公元前624—公元前546）观察到当地河流中的一个岛屿正在扩大。他根据水的多种用途（冷却时会结冰、加热时会变成蒸汽）认为水会变成土地并扩大岛屿。根据这种思考和其他观察，他得出结论，水是万物之源。在他之后的哲学家阿那克西美尼（公元前585—公元前525）不同意这一观点，认为气是构成世界的第一实体而不是水。

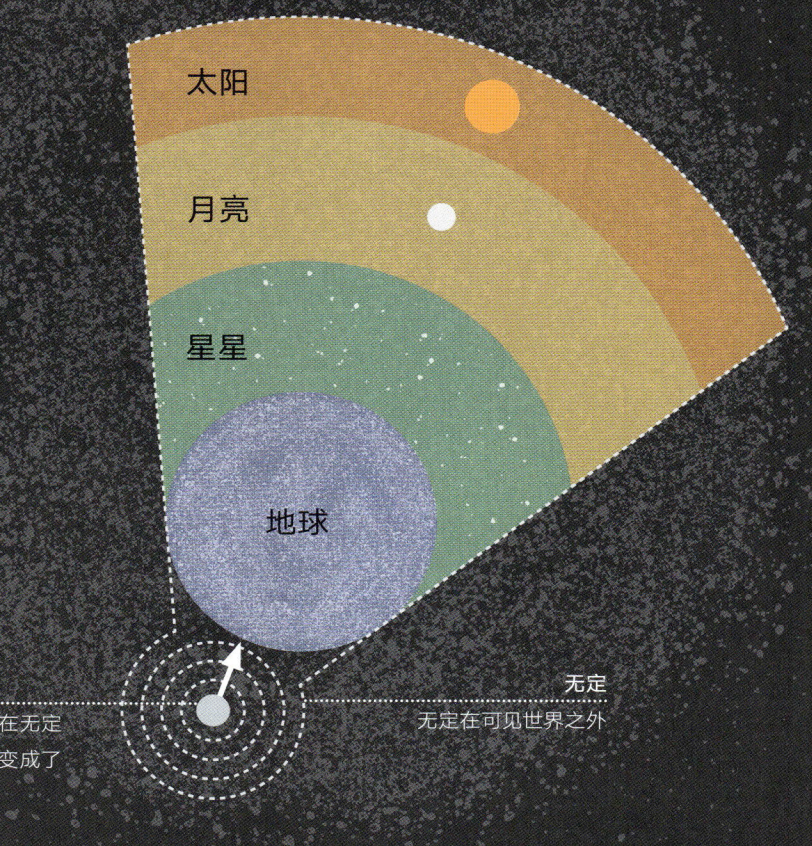

未知的起源

阿那西曼德（公元前610—公元前546）质疑水或气如何成为第一实体（见第11页）。他认为这个世界曾经是一个胚芽，由一种被称为"阿派朗"（"无定"）的未知物质产生。起初，相反的力量，如热、冷、干、湿等，从胚芽中涌现，形成了地球，地球周围环绕着星星、月亮和太阳。

数字法则

毕达哥拉斯（公元前570—公元前495）认为世界是由数字统治的。例如，他发现当演奏的琴弦长度减半时，同一个音符会以更高的音调重复。他还发现这些音符和其他音符之间的数学关系形成了八个音符（八度）的音阶。他的追随者们进一步提出了一个观点，认为太阳、月亮和星星之间的距离与音符之间的间隔相对应，创造了一种音乐："天体协奏曲"。

高音A
G
F
E
D
C
B
低音A

八度音
毕达哥拉斯发现，如果一根弦发出A音，长度为其一半的弦演奏出的音是同一个音符的高八度音。

> "数是形式和观念的统治者。"
> ——毕达哥拉斯

数学真理 | 13

万物皆流

水
当蒸汽遇冷后，蒸汽变成水，水形成湖泊。

赫拉克利特（公元前535—公元前475）认为一切事物的根本基础都是"变化"。他认为宇宙是相反作用力的战场，但这种冲突并非有害，而是起到维系世界的作用。正如光明需要黑暗，白昼需要夜晚，生命需要死亡。他把支配变化的原则称为"逻各斯"。

蒸汽
当水加热后变成蒸汽，蒸汽形成云。

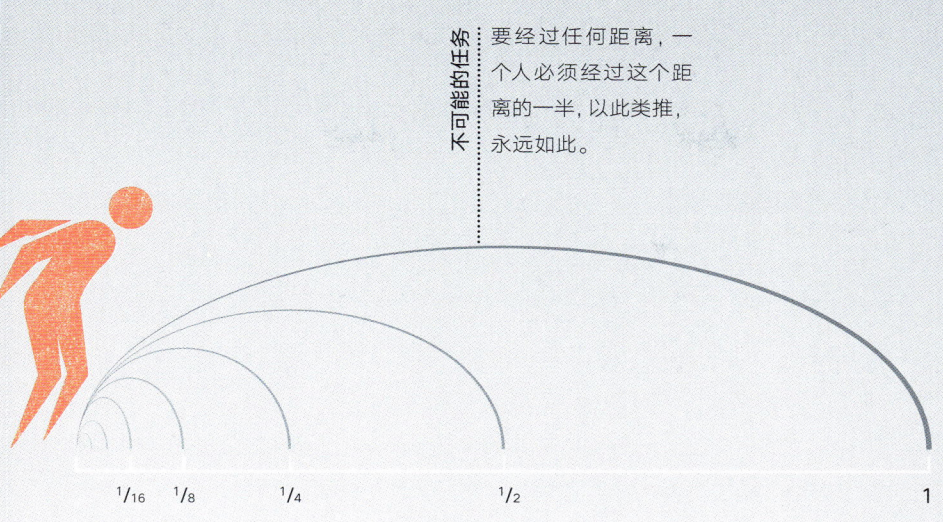

不可能的任务：要经过任何距离，一个人必须经过这个距离的一半，以此类推，永远如此。

$1/16$　$1/8$　$1/4$　　　$1/2$　　　　　1

变化无法实现

爱利亚的芝诺（公元前490—公元前430）认为，"变化"（见上页）无法实现，人们看到的任何"变化"都是错觉（illusion）。例如，他在一个被称为悖论（某种看似不太可信的东西却必然为真）的论证中表明，一个人要经过任何距离，都必须先经过该距离的一半；然而，为了做到这一点，又必须对这个距离再进行分割……如此往复，永无止境。因为一段距离总是可以减半的，所以任何运动都需要无限次地将距离减半，最终无法实现。从这一点上，芝诺得出结论：运动是一种错觉，是不可分的。

初始状态的船
最开始,这艘船状况良好。

更换零件
随着岁月的流逝,船上受损的部件被更换了。

忒修斯之船

古希腊的一个思想实验涉及对同一性的本质讨论。如果一个物体的组成部分随着时间的推移而被替换,它是否仍然是同一个物体?为了说明这个问题,希腊人以传说中的忒修斯之船为例,这艘船在一个世纪的时间跨度内被完全修复,那它是否还是原来的那艘船?

额外的修理
船上越来越多的部件得到修复。

修理好的船
最终,每个部件都被更换了,但它还是同一艘船吗?

永恒的原子

留基伯（公元前5世纪早期）和德谟克利特（公元前460—公元前371）认为物质不能无限分割，因此物质必须由不可分割的构件组成，即"原子"。他们认为原子必须存在于一个虚空中，这使它们能够四处移动并与其他原子结合形成不同的物质。他们还认为原子是永恒不变的：当一个物体碎裂时，它的原子存活下来并重新组合形成新的物质。这意味着构成人体的原子在死后不会被破坏，但它们分散成了别的东西。

圆形的原子

根据德谟克利特的观点，原子有各种形状，每一种原子都有不同的属性。例如，液体的原子呈圆形、光滑状态，很容易相互移动。

虚空

理念的王国

柏拉图（公元前427—公元前347）认为，人们通过理性而不是仅仅依靠感官获得知识（见第34页）。例如，他认为，我们见过不同种类的狗，但不知道它们的共同点是什么。换句话说，我们如何分辨"真实存在的狗"与"理念中的狗"呢？他认为，"理念中的狗"是存在的，但它存在于完美的形式领域中。那是一个我们看不见的世界，但它包含了所有事物的理念形式。柏拉图说，理性告诉我们这个世界必定存在。

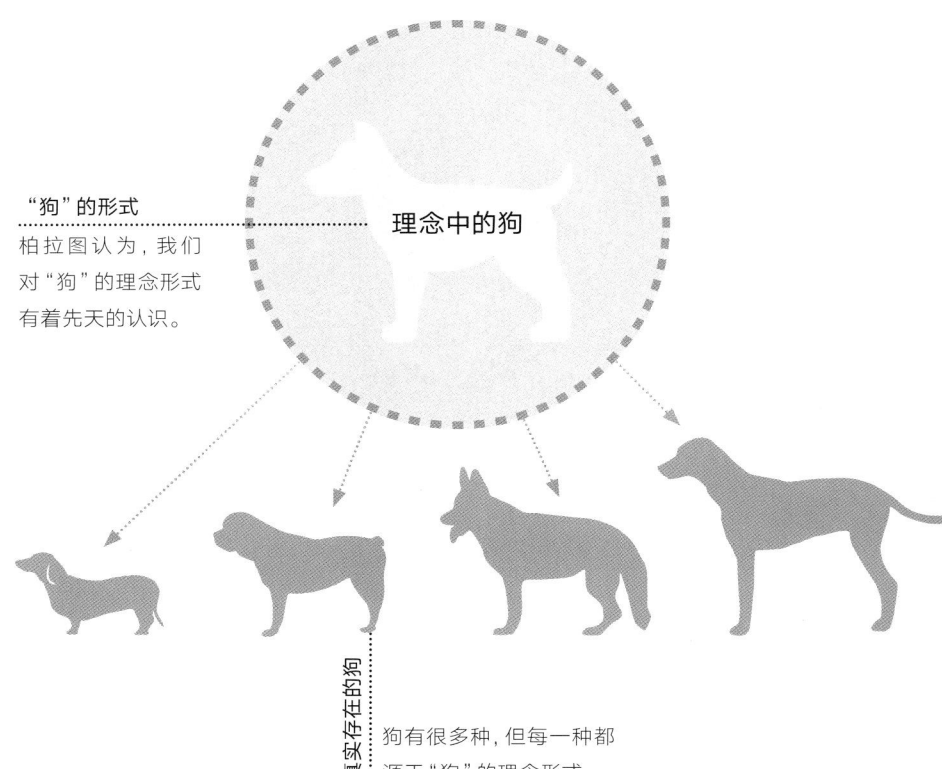

"狗"的形式
柏拉图认为，我们对"狗"的理念形式有着先天的认识。

理念中的狗

真实存在的狗
狗有很多种，但每一种都源于"狗"的理念形式。

真实存在的猫
一只真实存在的猫就像它的形式所投射下的影子。我们所看到的都是它的影子。

"猫"的形式

我们无法看到"猫"的形式，但我们可以从它投射的阴影中推断它的存在。

影子世界

柏拉图用寓言讲述了他的形式理论（见上页）。他将人类比作洞穴中的囚犯，他们只能面向一个方向：面向有影子移动的墙。在他们身后，物体在光源前经过，形成他们所看到的影子。在柏拉图看来，这就是我们对现实感知能力差的原因：我们所看到的只是形式所投下的阴影。然而，他认为，我们是可以离开洞穴的，也就是说，用理性来理解形式，以真实的方式感知实在。

洞穴之喻 | 19

世间的形式

亚里士多德（公元前384—公元前322）反对柏拉图的理念论（见第18页）。他认为，我们只能通过经验获得知识，例如，狗的本质就是狗所具有的一系列共同特征。根据亚里士多德的观点，狗与长颈鹿的不同之处在于自身设计，而不同事物是为了不同的目的而设计的（见第22页）。他认为一个事物的形式就像它的设计蓝图，旨在将质料（他认为其由四种世间的元素组成）变成一种特殊事物。

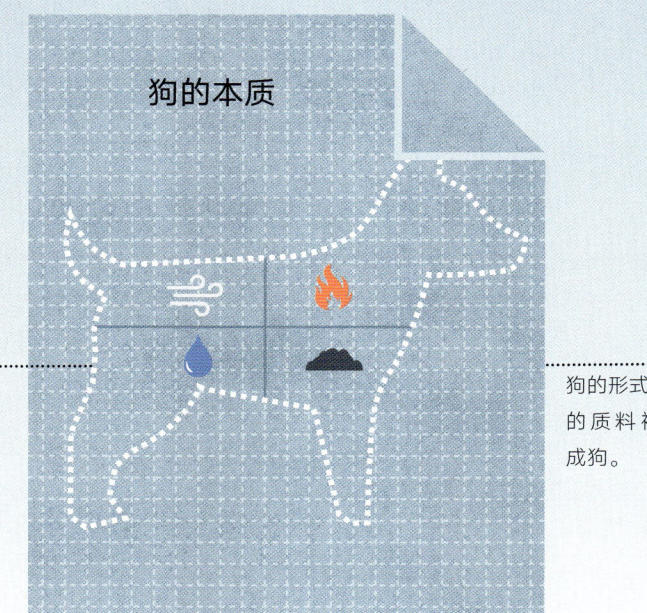

狗的本质

质料
根据亚里士多德的说法，狗是四种世间元素的混合物：水、土、火和气。

形式
狗的形式确保它的质料被组织成狗。

质料因

事物的质料因是它的物质。就木椅而言,其质料因是木材。

形式因

事物的形式因是它的物理设计。木椅的形式因是木匠绘制的蓝图。

动力因

事物产生的动力因是它产生的过程。就椅子而言,它是由木匠完成的工作。

目的因

事物的目的因是它被制造出来的目的。制造椅子是为了让人坐在上面。

事物的本性

在亚里士多德看来,了解一个事物就是了解它的四个方面:物理构成、设计、产生环境以及目的。他把这四种东西称为"原因":分别是质料因、形式因、动力因和目的因。

人
人的目的是推理。通过理性，人可以理解事物的目的。

万物皆有目的

亚里士多德认为万物皆有目的。例如，种子的目的是发芽并长成植物，而植物的目的是结出果实和繁殖。同样，降雨的目的是给土地浇水，使植物生长，进而为动物和人提供食物。

苹果
苹果的目的是被吃掉并撒播苹果种子。它的种子逐渐长成苹果树。

黏土
黏土的目的是被人类塑造。黏土可以被做成碗、砖或雕像。

"一切都不是碰巧运动的，而永远有什么在那里。"

亚里士多德

亚里士多德认为宇宙没有开端，但一定有什么东西使天体运动起来。然而，万事万物都有一个原因，因此，任何使天体运动的东西也肯定有一个原因。为了避免形成一个不断后退的原因链，亚里士多德提出了关于第一因的观点：第一因或者叫"不动的推动者"，其使宇宙运动。今天，我们也可以问：如果宇宙起源于大爆炸，那么是什么导致了大爆炸？

不动的推动者

第一因
如果每个运动都有原因，那么是什么引起了第一个运动？亚里士多德将此称为"不动的推动者"。

第一因 | 23

神因

安萨里（1058—1111）不同意亚里士多德"天体是在过去某个特定时间内被设为运动状态的"（见第23页）这种观点。他认为，这种观点没有给上帝的意志留下任何空间，上帝的意志在任何时候都活跃在这个世界上。事件之间没有必然联系，例如，如果某物被放在火上，它不一定会燃烧。它会燃烧是因为上帝的意志。几个世纪后，大卫·休谟对原因和结果进行了类似的观察（见第40页）。

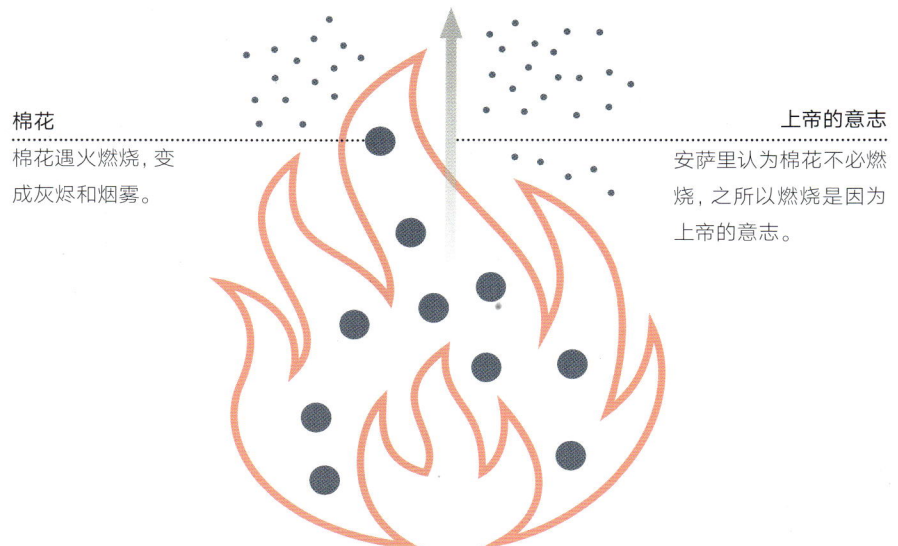

棉花
棉花遇火燃烧，变成灰烬和烟雾。

上帝的意志
安萨里认为棉花不必燃烧，之所以燃烧是因为上帝的意志。

不确定的身体
在正常情况下，我们的身体似乎是真实的。然而，它们的存在很容易受到怀疑。

确定的灵魂
在被剥夺了所有感官刺激的情况下，一个人可能怀疑自己的身体是否存在，但不会怀疑自己作为有意识的灵魂是否存在。

漂浮的人

伊本·西那（约980—1037），也被称为阿维森纳，他想象了一个人闭着眼睛飘浮在空中，完全接收不到来自感官的信息会是什么样子。在这种状态下，一个人可能想象他们的身体不存在，或者他们的四肢没有连接到他们的身体上，但他们不会怀疑自己作为一个有意识、有思想的灵魂是否存在。对伊本·西那来说，这表明心灵或灵魂与身体是分离的——勒内·笛卡儿在几个世纪后的一个类似实验中也得出了这个结论（见第32页）。

上帝存在吗?

坎特伯雷的安瑟莫（1033—1109）认为，上帝的存在可以从逻辑上得到证明。他通过六个步骤完成了这一过程，即所谓的"本体论证明"（见下页）。

> "上帝创造了最有价值的东西，就是能够享受他的理性存在。"
> ——安瑟莫

1 上帝是我们能想到的最伟大的事物。

2 上帝作为一种理念存在于人们的心灵中。

3 事物可以存在于我们的心灵中，也可以存在于现实中。

4 现实中存在的事物胜于我们心灵中存在的事物。

哲学

5
如果上帝只存在于我们心灵中，他就不是我们能想到的最伟大的事物。

6
因此，上帝必须存在于现实中。

宗教和哲学相容吗？

伊本·鲁世德（1126—1198），也被称为阿维洛伊，认为宗教和哲学相容。他将它们视为发现真理的两种不同方法，强调因为"真理不能与真理相矛盾"，宗教学者应该在圣经与哲学相矛盾时重新解释圣经。伊本·鲁世德区分了寓言（具有隐藏、象征意义的文字）和演绎（见第144页），并指出，当圣经违背理性时，应该以寓言的方式来解释。

托寓　　　　　　　　　　宗教

理智的统一

普遍观念

共相是普遍理念，如"猫"或"三角形"。柏拉图观察到，我们只见过具体的猫或三角形，但从未见过完美的猫或三角形（见第18页）。然而，如果人们从来没有普遍观念的经验，那么我们是如何认识它们（猫或三角形）的，它们又在什么意义上存在？这些问题引发了两大哲学流派的争论：实在论和唯名论。实在论认为共相独立于我们的经验而存在，而唯名论认为共相是基于我们对具体事物的经验做出的概括。

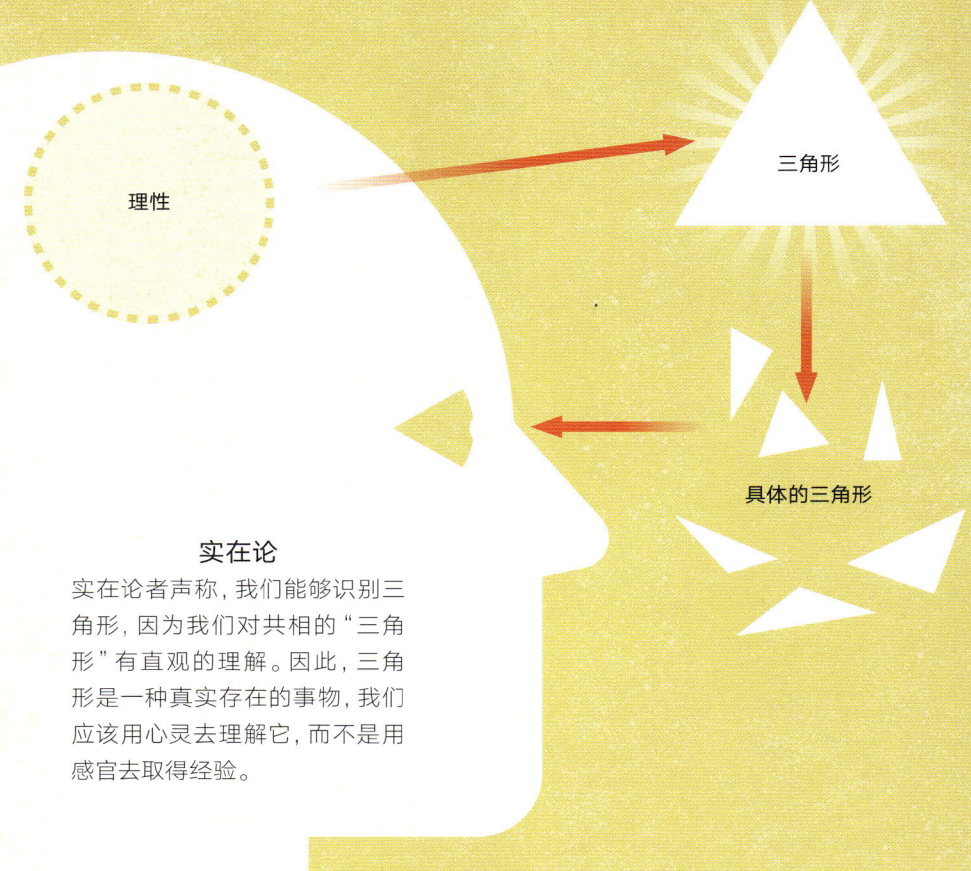

理性

三角形

具体的三角形

实在论

实在论者声称，我们能够识别三角形，因为我们对共相的"三角形"有直观的理解。因此，三角形是一种真实存在的事物，我们应该用心灵去理解它，而不是用感官去取得经验。

> "没有任何独立于心灵之外的共相真正存在于个体事物之中。"
> ——奥卡姆的威廉

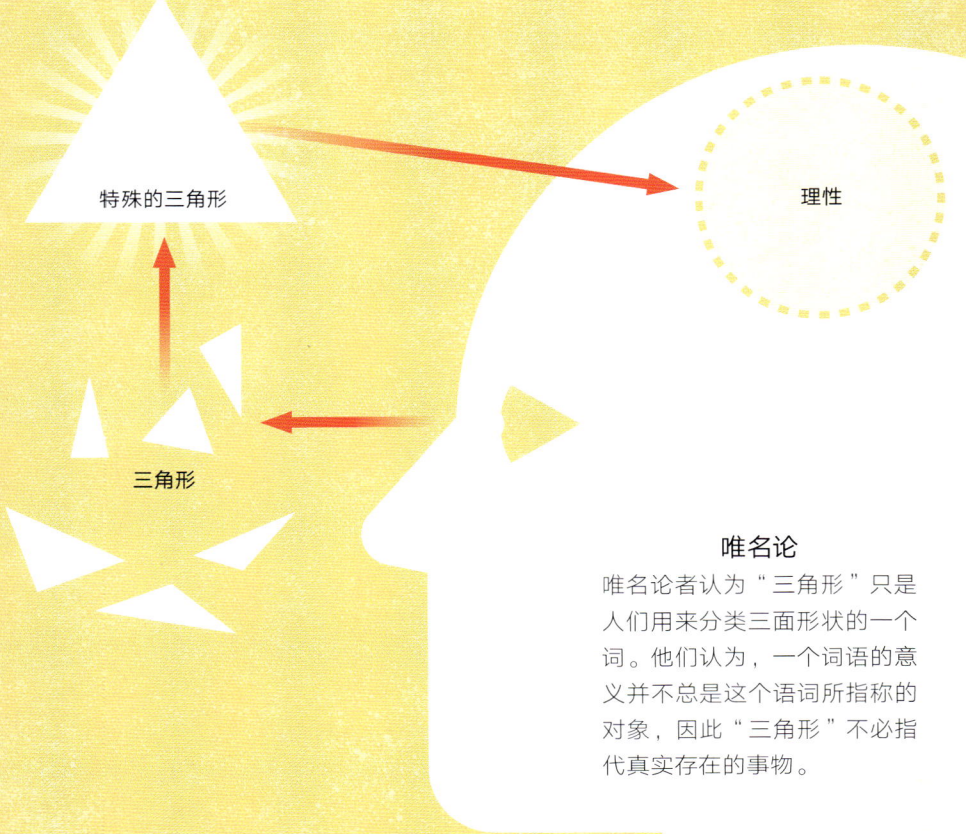

唯名论

唯名论者认为"三角形"只是人们用来分类三面形状的一个词。他们认为,一个词语的意义并不总是这个语词所指称的对象,因此"三角形"不必指代真实存在的事物。

自然　心灵

发条世界

在17世纪，科学家认为世界就像一台机器。托马斯·霍布斯（1588—1679）认同这一看法，认为宇宙纯粹由物理物质构成，自由意志是一种幻觉。他认为一切都像钟表一样运行，自然法则以预先决定的方式推动世界。即使是我们的思想，也不过是我们大脑中的物理事件。宇宙只由一种东西构成的观点被称为"一元论"，而认为这种东西是物质的观点被称为"物质主义"。

身体

心智的宇宙

和托马斯·霍布斯一样,戈特弗里德·威廉·莱布尼茨(1646—1716)也是一元论者(见上页)。然而,他认为宇宙是由心灵实体构成的,他称之为"单子"。由于物理事物可以被分割,它们不可能构成宇宙的组成部分,因此这些组成部分必须是非物质的。单子是非物质的,不存在于物质空间中,这意味着它们不能相互作用。莱布尼茨把它们描述为不可穿透的、非物质的、无限数量的。

"每一种物质都是一个个孤立的世界,独立于除上帝以外的一切事物。"
戈特弗里德·威廉·莱布尼茨

我思故我在

勒内·笛卡儿（1596—1650）是一位科学家，他试图回答"我可以确定地知道什么"这一问题。他将所谓的"怀疑的方法"应用于自己的信念中，只有在没有其他逻辑可能性的情况下，才会接受它们为真。这个过程使他相信，除了"他在思考"这一事实以及"他存在"这一事实，他完全可以怀疑一切。

梦
因为我们经常在梦中感到清醒，所以我们现在对世界的经验可能也是一场梦。

视错觉
我们很容易被视错觉所欺骗，因此我们无法相信我们的感官。

我思故我在

确定性
除了我们在思考这个事实，一切都可能是幻觉。

笛卡儿的恶魔
我们的整个人生都可能是一个邪恶的诡计者所导演的恶作剧。

怀疑的方法

物质

勒内·笛卡儿怀疑他身体的存在,但不怀疑他作为一个思想而存在(见上页)。然而,如果他的身体可能是一种幻觉,那么他的思想位于哪里呢?他的回答是,有两个世界:身体的物质世界和心灵的非物质世界。在物质世界中,物体有位置、质量和形状,所有东西都像时钟一样井然有序地运行。

一分为二的实在

心灵

在这个非物质世界里,我们的思想是完全自由的。笛卡儿认为,在所有的受造物中,只有人类享有这种自由,有了它,我们就可以进行哲学思考,过上精神生活。他认为物质世界和非物质世界在大脑的松果腺中交互,尽管他不能解释它们是如何相互作用的——这是心灵哲学领域的一个重要话题(见第76~91页)。

实体二元论 | 33

理性主义

理性主义是指人类获得知识的方式主要是通过理性而不是经验。它基于这样的观点：我们的感官是不可靠的，但各种各样的陈述（例如，"2+2=4"）是不容置疑的，我们从直观上就可以知道这是真的。许多理性论者认为，所有数学在这种直观意义上都是正确的，而且既然理性为我们提供了数学，那么它也可能为我们提供科学和伦理的原则。

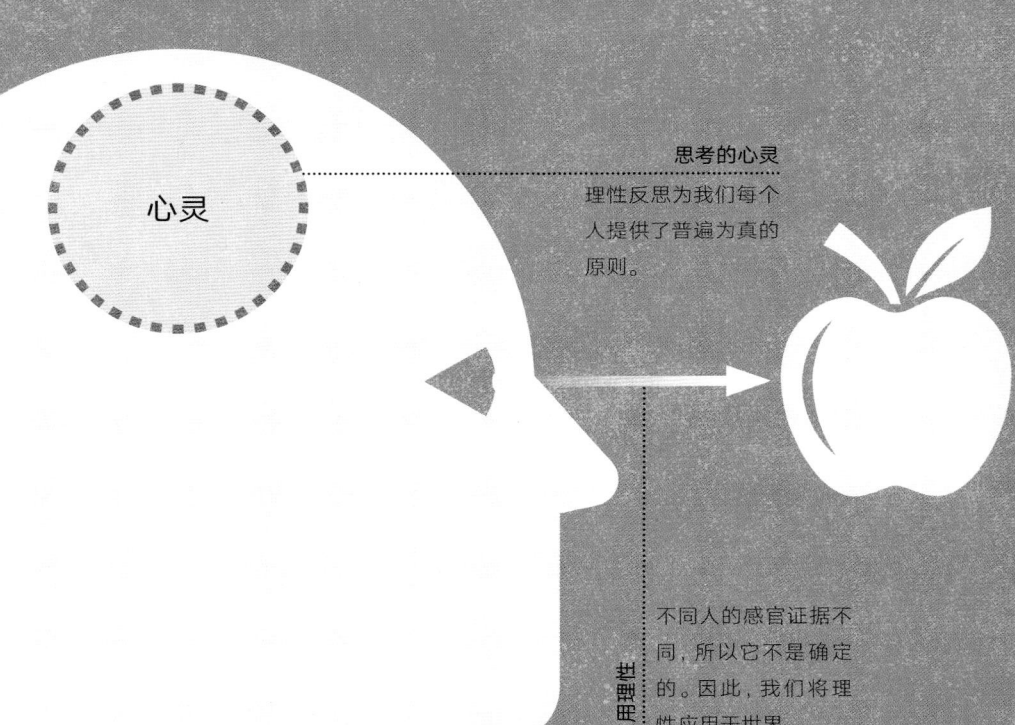

思考的心灵
理性反思为我们每个人提供了普遍为真的原则。

不同人的感官证据不同，所以它不是确定的。因此，我们将理性应用于世界。

人们与生俱来的观念

许多理性主义者（见上页）认为，我们生来就已经有了一些观念。根据柏拉图的说法，这些都是普遍观念，如"三角形"或"红色"，它们使我们能够识别那些特定的三角形和红色。勒内·笛卡儿认为，数学真理也是内在的（或者我们在出生时就知道的），因为像"2+2=4"这样的陈述是不证自明的真理。柏拉图和笛卡儿都认为，尽管我们生来就具有天赋观念，但是，仍然需要经验将这些观念带入意识领域中去。

经验主义

经验主义是指我们首先是通过经验而不是理性来获得知识。与理性主义者不同（见第34页），经验主义者认为，数学并不为我们提供知识，而只是提供一个思考世界的框架。第一位现代经验主义者是约翰·洛克（1632—1704）。他秉承了亚里士多德的观点，认为我们的感官经验为我们提供了知识，而理性是我们组织经验的过程。经验主义以观察为中心，是现代科学的基础。

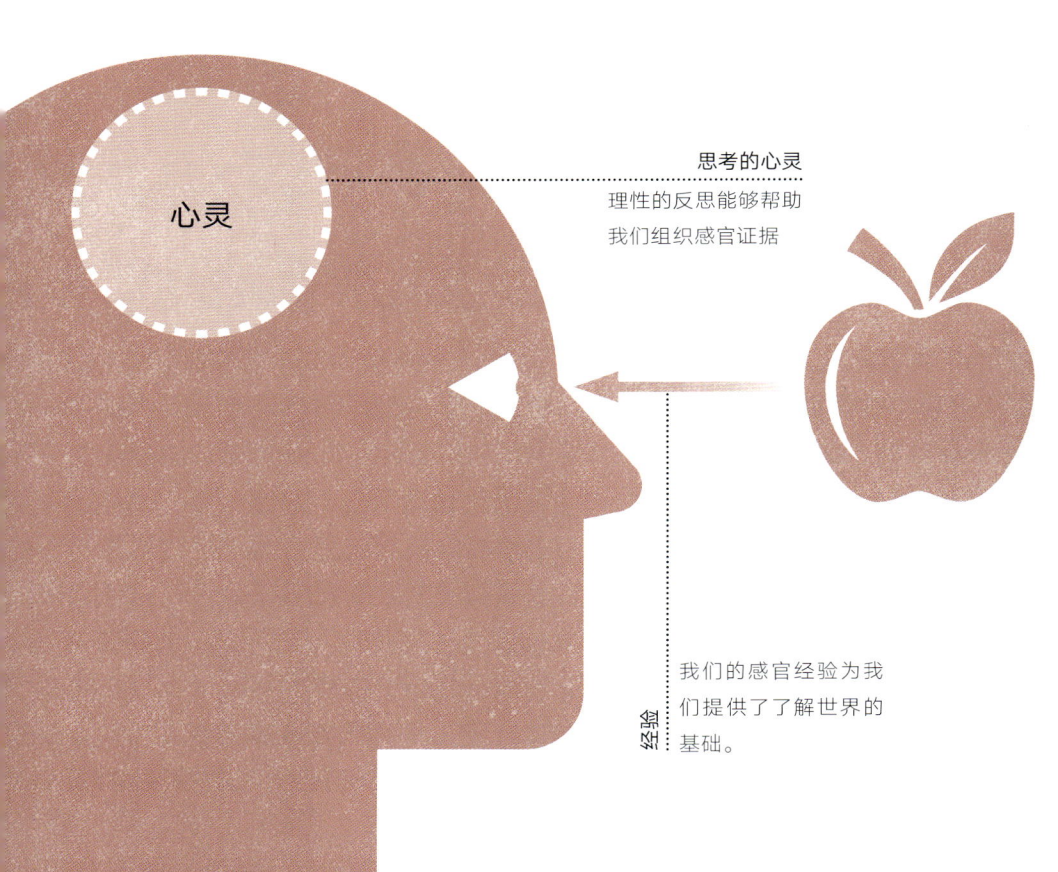

心灵

思考的心灵
理性的反思能够帮助我们组织感官证据

经验：我们的感官经验为我们提供了了解世界的基础。

无观念
一个未出生的孩子不具有任何观念。洛克将它的心灵描述为一块等待被经验书写的"白板"。

不断发展的观念
伴随着经验的进入，孩子们会形成一些简单的观念，比如"软"和"干"。这些都发展为更复杂的观念，比如"玩具"和"质感"。

所有知识都可以通过学习获得

经验主义者（见上页）相信知识是在我们作为新生儿，第一次体验这个世界时产生的。约翰·洛克将心灵描述为"白板"。他认为，孩子们首先有关于感觉的观念，这些感觉通过感官来自外部世界。这些简单观念通过心灵加工成为复杂观念。尽管他否认天赋观念的存在（见第35页），但洛克却声称我们有天生的推理能力。

只有观念存在

乔治·贝克莱（1685—1753）同意约翰·洛克关于人们只能通过知觉来获得知识的观点（见第36、37页）。然而，贝克莱认为，不同的感受经验，如滋味和颜色，可能因人而异，所以不能保证我们都以同样的方式看待世界。他得出的结论是一种被称为主观观念主义的理论，即实体完全由观念组成，而且没有理由相信物质世界的存在。

主观观念
贝克莱认为物质对象不存在，存在即被感知。

主观唯心论

虚构的自我

休谟认为，自我是一束关于世界的简单印象，它只是表现为一个固定的身份。

不存在外部世界

大卫·休谟（1711—1776）声称，知识既然通过经验获得，就不具有确定性。休谟认为，人类永远无法确定外部世界的存在。他同意乔治·贝克莱的观点，即尽管人们对世界有自己的观念，但他们不能证明世界是独立于这些观念而存在的（见上页）。休谟提出，外部世界和感知它的"自我"都是由心灵创造的虚构对象，以赋予人类意识经验的融贯性。

"智者就是在证据的基础上信仰的人。"
大卫·休谟

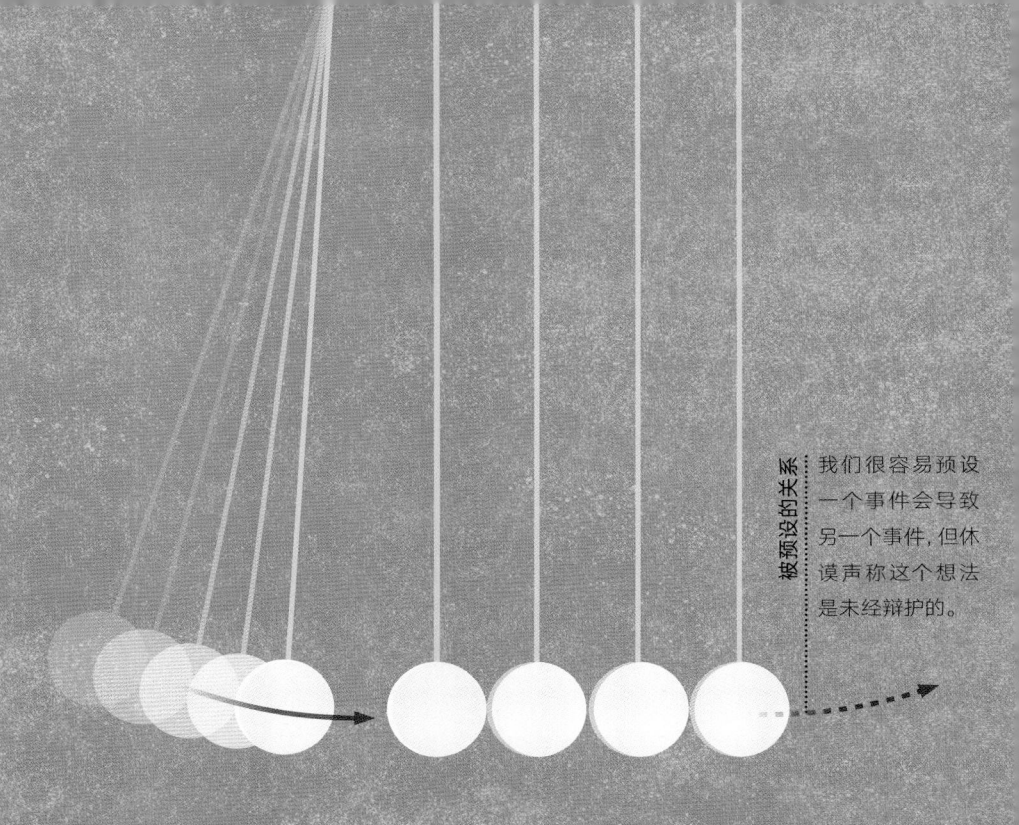

被预设的关系 我们很容易预设一个事件会导致另一个事件,但休谟声称这个想法是未经辩护的。

审视科学

大卫·休谟认为,无论我们看到多少次两个事件前后相继发生——例如,当球击中地面时弹跳,我们永远不能做出类似"球会在地上弹跳"的普遍性陈述。这是因为,总有可能某天第二件事不跟随第一件事发生。他认为,尽管我们经历了事件的"恒常连接"(换句话说,事件碰巧一起发生),但它们之间并不一定存在必然联系。休谟的理论质疑了科学的本性。科学方法中(见第150页)使用了归纳法,从特定的观察中得出关于世界的一般结论——而这正是休谟所声称未经辩护的方式。

观念之间的关系（必然真理）

三角形的内角和是
180度

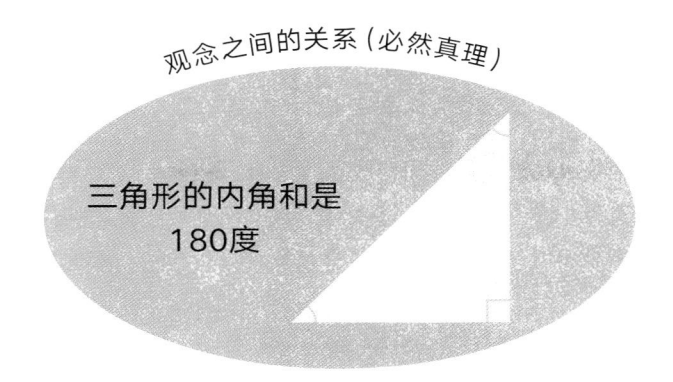

休谟之叉

大卫·休谟区别两种类型的真理："观念关系"和"事实问题"。观念之间的关系（例如，"三角形的内角和是180度"）是必然真理，它们为真是因为三角形的定义就是如此。因此，它们没有逻辑矛盾就不能被否认。事实问题（例如，"正在下雨"）是偶然真理：它们不是根据定义为真。真假取决于周边环境。根据休谟的观点，只有观念关系的知识是确定的；关于事实的知识（包括科学上的陈述）总有可能是错误的（见上页）。

事实问题（偶然真理）

正在下雨

一个先天知识

所有的圆都是弯曲的

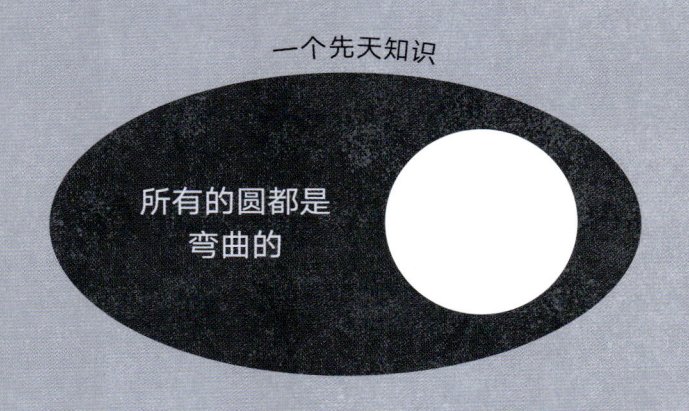

两类知识

伊曼努尔·康德（1724—1804）区分了两类知识：一种是独立经验的先天知识、一种是通过经验获得的后天知识，正如休谟所言（见第41页）。康德声称，先天知识是根据定义为真的（例如，"所有的圆都是弯曲的"）。然而，他也认为先天知识中包含了一些关于世界的普遍观念（例如，"每个事件都有一个原因"）。后天知识包括了科学陈述并且只能通过经验获得（例如，"太阳由气体构成"）。

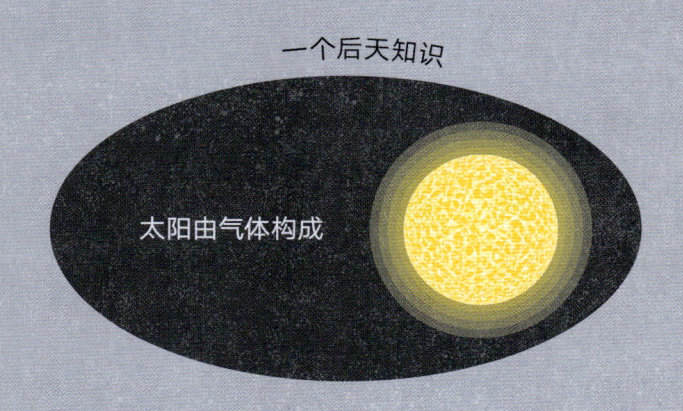

一个后天知识

太阳由气体构成

分析陈述

所有的圆圈都是圆的

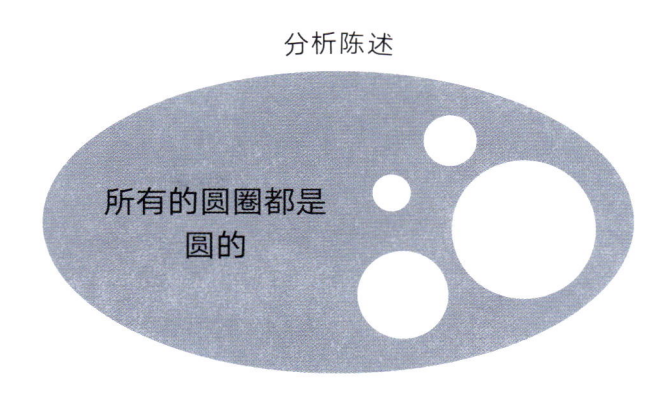

两种判断

根据伊曼努尔·康德（见上页）的观念，有两种类型的陈述。一种是分析判断根据定义为真（例如，"所有的圆圈都是圆的"），因此，它包含了一个先天知识。另一种是提供的信息超过了定义的综合判断（例如，"所有的行星都是圆的"），它包含的是一个后天知识。然而，康德也声称，有先天综合陈述（例如，"物体有位置"）必然为真，但它不仅仅根据概念定义分析为真。

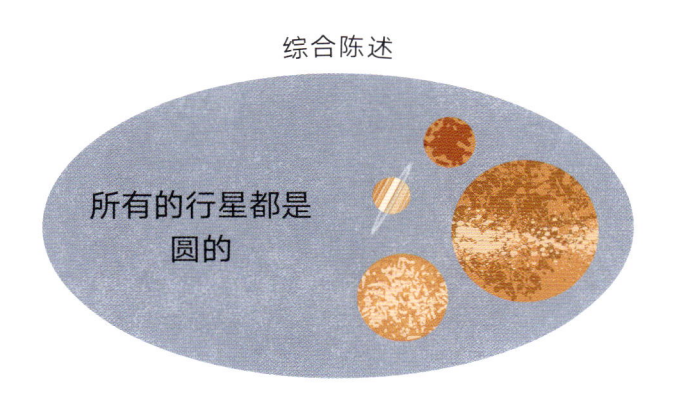

综合陈述

所有的行星都是圆的

我们的心智塑造了这个世界

康德认为理性主义和经验论局部正确。他认为,虽然我们通过经验获得知识,但我们的大脑被编程,以一种特定的方式感知世界。例如,一个孩子能够掌握"这里"和"现在"的概念是因为对"空间"和"时间"的概念有一种先天的理解。康德声称,我们将空间和时间两种先天的"直观"投射到物体上,并用这些术语来解释它们。他还列出另外12个"范畴",帮助我们组织自身对世界的知觉经验。这些概念包括:实在、统一和存在。

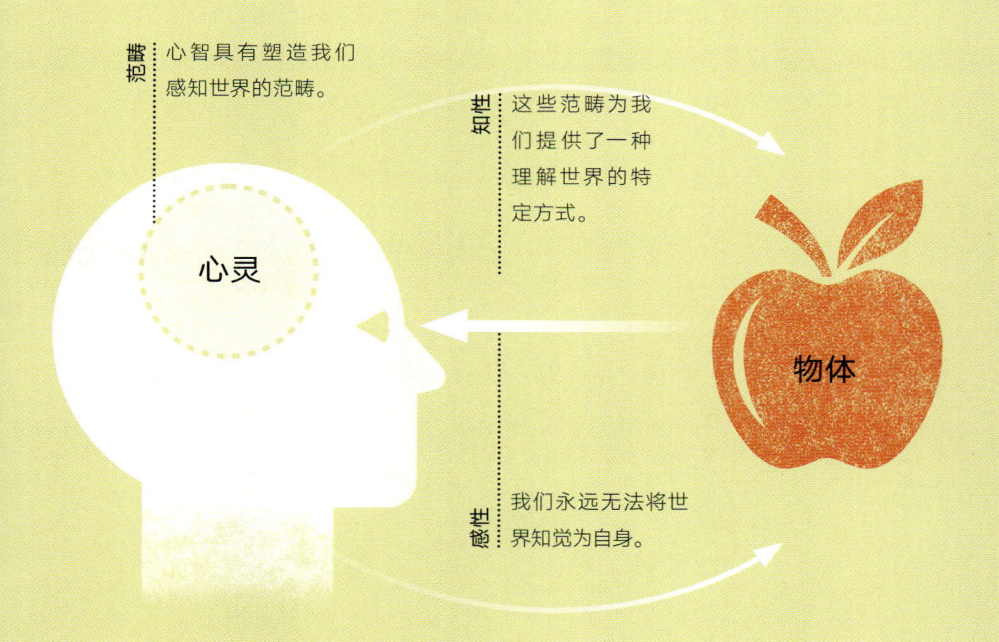

范畴:心智具有塑造我们感知世界的范畴。

知性:这些范畴为我们提供了一种理解世界的特定方式。

心灵

物体

感性:我们永远无法将世界知觉为自身。

自在世界

伊曼努尔·康德声称，世界是由我们的心智塑造的——我们所经验的一切都是通过我们的知性范畴过滤出来的（见上页）。这意味着一个人看一个苹果，但知觉到的并不是它的"本身"，而是一种表象：真正的苹果是不可知的。这种表象就是康德所说的"现象世界"。他将"现象世界"与"自在世界"进行了对比，"自在世界"是关于物自体的不可知世界。

世界是精神的

格奥尔格·黑格尔（1770—1831）认为，如果真实世界本身是不可知的（见第45页），那么就没有理由说它存在。他主张绝对观念论，提出世界不是被划分为思想和对象，而是一切都是单一实在的部分，他称之为"精神"。精神就像普遍的心灵，通过一个被黑格尔称为"辩证"的过程不断发展（见下页）。根据黑格尔的说法，人类是这个过程的核心：因为人类是精神的一部分，所以当人类发现一切都是精神时，这也是精神对自身的发现。

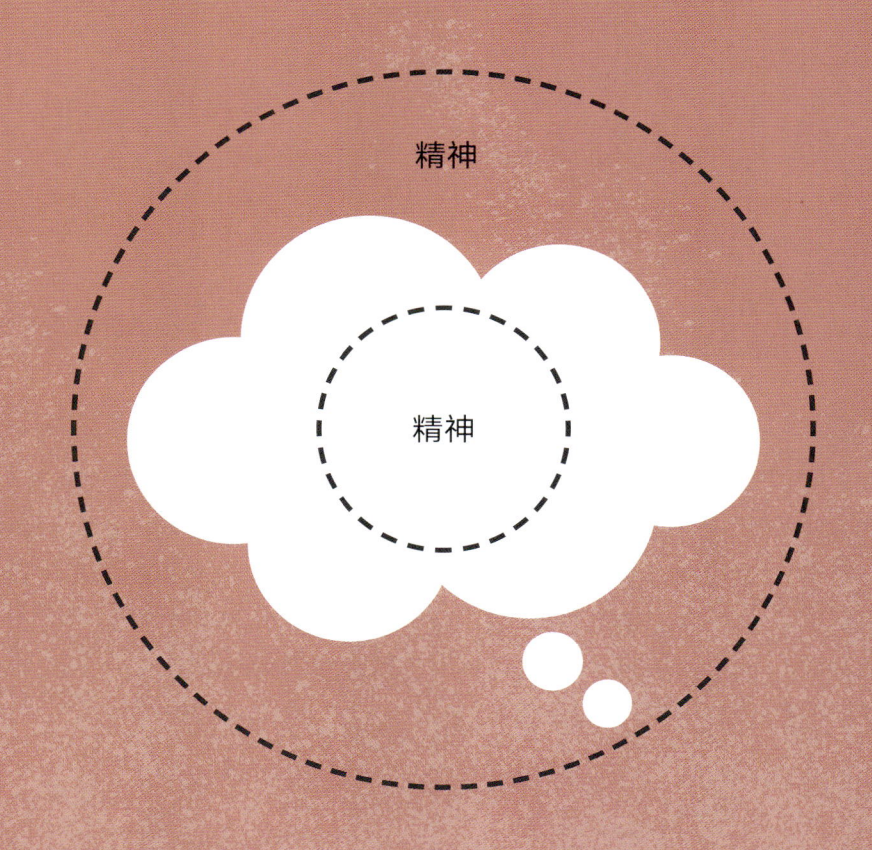

精神

精神

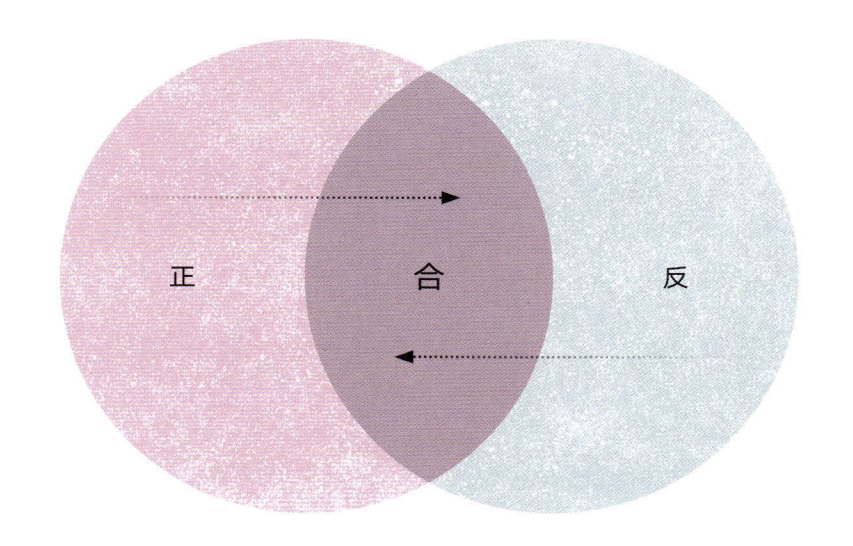

现实是一个过程

黑格尔将精神实体或精神发展的过程描述为"辩证法"。在他看来，这是一个过程。在此过程中，一个最初的观念（正）产生了相反的观念（反），二者共同形成了一个更丰富的新观念（合）。例如，"暴政"这个观念产生了它的对立面，即"无政府状态"，而这两者的综合形成了"法律"这个观念。黑格尔认为，通过辩证法，精神产生了复杂的自身形式。他预言精神有一天会达到绝对——所有矛盾都得到解决，重新返回到整个辩证运动的开端，在那里绝对"尚未在时间中展开自身"。黑格尔声称，绝对精神将会在历史实现自身目的时到来。

表象

叔本华认为，我们所经验的世界只是世界"自身"的表象。

意志

世界"自身"就是意志：一种追求生存和自我表达的无意识驱动力。

> "世界是我的表象。"
> 叔本华

内驱力

亚瑟·叔本华（1788—1860）同意伊曼努尔·康德对现象世界和自在世界的区别——也就是说，我们所认为的世界和世界"自身"之间的区别（见第45页）。然而，与康德不同的是，他认为自在世界是可知的。他声称，自在世界是"意志"，这是一种盲目的、无意识的生存动力。对叔本华来说，这种驱动力存在于一切事物中——即使是在重力中——也是我们所经验的世界的终极源泉。

唯一真理

尼采认为，上帝之死标志着一个单一的、客观的真理观念的终结。

在《快乐的科学》(The Gay Science)这本书中，弗里德里希·尼采（1844—1900）宣布："上帝已死。"也就是说，以前由上帝代表的"客观真理"的观念不再得到合理辩护。相反，他认为，我们所认为的"真理"只是一种满足特定需求的虚构。例如，我们相信自由意志，不是因为我们是自由的，而是因为我们需要让人们为自己的行为负责。尼采的理论被称为"视角主义"，即真理是一个视角问题，事实上有很多真理。

上帝已死

多元真理观

尼采认为有许多真理，每一个真理都表达了人类的特定需求。

> "上帝永远死去了！是我们杀死了它。"
> ——尼采

有用即真理

查尔斯·桑德斯·皮尔士（1839—1914）认为，要对实在有一个完整和准确的理解是不可能的。然而，他认为，"真理"可以根据观念的有用性或其实际应用来重新定义。这个想法被称为"实用主义"，它是由威廉·詹姆斯（1842—1910）发展起来的，区分了事实和真理。对詹姆斯来说，事实是对实在的简单陈述，而真理是关于实在的理论。真理描绘世界不一定准确，但它一定对实现特定目的有用。

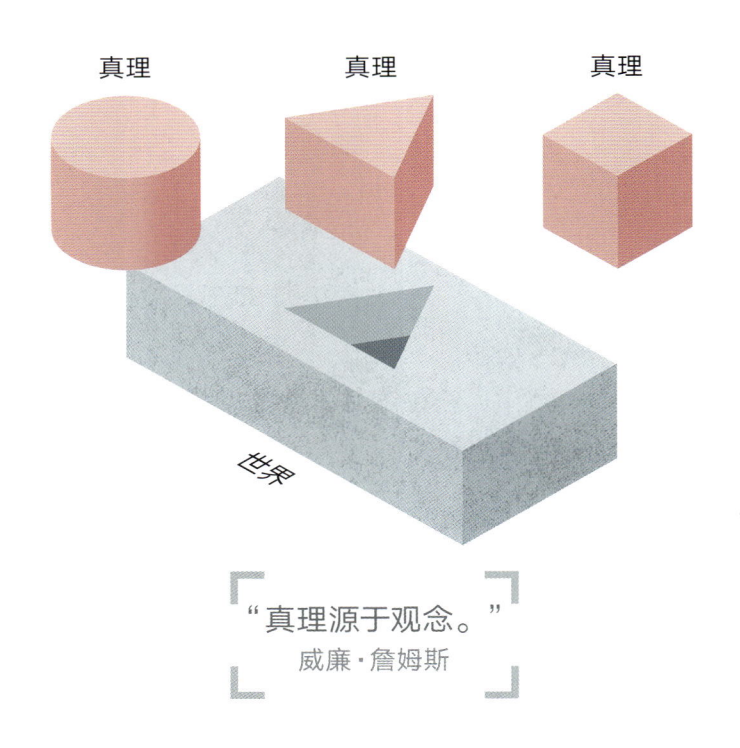

"真理源于观念。"
威廉·詹姆斯

实用主义

> "每一个达成的目标都是下一个目标的起点。"
> 约翰·杜威

作为工具的观念

约翰·杜威（1859—1952）是进一步探索实用主义（见上页）的哲学家之一。他发展了他所谓的"工具主义"，即思想不是实在的表征，而是帮助或阻碍我们生活的工具。他认为，最好的思想能使我们适应周边世界。

存在与语言

早在20世纪初，哲学越来越被两个学派所主导：欧洲大陆的"大陆学派"和新兴的英国"分析学派"。大陆学派的哲学家继承了勒内·笛卡儿和伊曼努尔·康德的工作，聚焦于经验本性的问题。与此同时，以弗雷格和罗素为代表的分析学派的哲学家致力于分析语言的逻辑结构。时至今日，这两个学派仍然活跃，提供了完全不同的哲学方法。

"我们用符号表达含义并指定外延。"
戈特洛布·弗雷格

指称
"晨星"和"暮星"两种说法有着相同的指称——金星。

暮星

晨星

含义
"晨星"和"暮星"的说法有两种不同的"内涵"或者意义。

我们想要表达什么？

几个世纪以来，天文学家认为"晨星"和"暮星"指的是两颗不同的恒星，而事实上这两颗"恒星"都是金星。

戈特洛布·弗雷格（1848—1925）认为，这个例子表明，一个词的"内涵"或意义与它所指的对象没有联系。相反，他区分了一个词的"意义"和它的"指称"——它所指的东西。"晨星"和"暮星"有相同的指称——金星，但表达两种不同的感觉，这取决于"晨星"和"暮星"的语境。

拆分语言

波特兰·罗素（1872—1970）认为，语言可能具有误导性，哲学家的角色是分析语言的逻辑结构。例如，他指出，"当今法国国王是秃头"的说法似乎说得通，但显然不是真的。然而，有一个逻辑问题，即相反的说法，"当今法国国王不是秃头"显然也不是真的。罗素提出，第一个声明有三种含义：法国有一个国王；法国只有一个国王；法国国王是秃头。这样，这个声明的问题就可以被辨别出来，第一个声明是错误的，因为法国没有国王。

当今法国国王是秃头

法国有一个国王　　　法国只有一个国王　　　法国国王是秃头

基础结构
罗素认为，"当今法国国王是秃头"这句话实际是三种独立陈述的组合。

描述理论 | 55

事实陈述

这个正方形是蓝色的。

逻辑陈述

正方形有四条边。

真与意义

20世纪维也纳学派的哲学家们建立了一个被称为逻辑实证主义的学派，目的是为哲学提供科学基础。他们认为，一个句子的定义是它的验证方法——它如何被证明是正确的。事实陈述可以通过观察来验证，逻辑陈述可以通过推理来验证。其他任何类型的陈述——比如对审美偏好的陈述——都无法被证实，因此毫无意义。

无意义陈述

正方形是美丽的。

描画世界

路德维希·维特根斯坦（1889—1951）在他职业生涯的早期认为语言的功能是"描画"世界，世界由"事实"或者诸多存在对象（事物）组成。他声称，一个有意义的句子可以简化为关于简单事实的陈述或意义的"原子"（例如，"一个苹果"或者"一张桌子"）。任何不能代表观察事实的句子（例如，通过表示一个值来代替）都毫无意义。然而，他也相信艺术作品可以"展示"他所说的"神秘"不能说的东西。

桌上有一个苹果。

有意义

维特根斯坦认为语言是事实的镜像，所以一个有意义的句子是一个"描画"世界的句子。

用砖块把它砌起来

这是一块砖头

一个词 很多用法
根据维特根斯坦，"砖头"这个词就像一个简单的句子。根据它所使用的方式，它的意义可以是一个对象的名称、一个顺序、一个问题、一个比较或者一个警告。

它看起来是块砖头

砖头

危险：掉落的砖头

给我带一块砖头

你喜欢砖头吗？

语词的使用

在他后来的作品中，维特根斯坦声称，假设一个词的意思是它所指的一个对象是错误的（见第54、57页）。相反，他认为词有无数的目的，学习说话就像学习一系列游戏一样，他称之为"语言游戏"。这是社会公认的词汇使用方式（见上页），不仅使我们能够命名对象，还能够表达感情和影响人们。对于维特根斯坦来说，说话是一种生活形式、一种行为方式，不仅仅是一种对对象进行分类的方式。

不存在私人语言

在维特根斯坦的后期著作中,认为现代哲学的大部分内容都是基于错误的假设,即有些事情只有个人才能知道——例如,勒内·笛卡儿确信只有他自己存在(见第32页)。维特根斯坦认为私人思想是无稽之谈,因为思想是在语言当中发生的,而语言不可能在没有语言使用者的群体中存在(见上页)。他的结论是,不存在私人意义,在私人经验中也无法找到确定性(见第83页)。

> "去想象一种语言意味着去想象一种生活方式。"
> 维特根斯坦

"正方形"

私人意义
没有其他语言使用者,一个人可以把"正方形"这个词误用于其他形状而全然不知。换句话说,他们不知道自己在说什么。

谁偷了粉笔？　　　　　　　　　是我。

"我"的意义

维特根斯坦认为，哲学问题来自对语言的误用（见第59页）。例如，老师问"谁偷了粉笔？"，一个学生说"是我"，学生用了"我"这个词来区别于班级其他的人。然而，当笛卡儿声称"我思故我在"时，他用"我"这个词来使他区别于自己的身体（见第32页）。维特根斯坦认为这是语言"去度假"的一个例子。他认为，当语言用"日常"的方法使用时，就像上述学生的例子一样，哲学问题就消失了。

我不是我的身体。

哲学中的"我"
维特根斯坦认为哲学家们以异常的方式使用"我"这样的词，这样做就创造了哲学问题。

观察
科学家观察的所有天鹅似乎都是白色的。

理论
基于观察,科学家们可能从理论上认为所有天鹅都是白色的。

例外
"所有天鹅是白色的"理论是科学的,因为只要发现一只黑天鹅就可证明它是错误的。

所有的天鹅是白色的?

卡尔·波普尔(1902—1994)认为,一个理论要想成为科学,必须有可以证明它是错误的条件。他以"所有天鹅都是白色的"这一理论为例,认为它是科学的,因为只要观察到一只黑天鹅就可以推翻它的合理性。波普尔颠覆了科学家已经证明的传统观点。相反,他提出,只有用可能存在的证据证明一个理论错误时,这个理论才能被认为是科学的。

意识是有意向的

笛卡儿（见第32~33页）和许多经验主义者（见第36页）认为，头脑中的想法就像图片。这就提出了这样一个问题：这些图片如何与存在于头脑之外的事物相联系？弗朗茨·布伦塔诺（1838—1917）着重强调了这个问题，他认为意识是"有意向的"，或者总是"关于"某物的。换句话说，他提出世界上的对象不是意识之外的，而是意识的内在组成部分。这个理论使哲学家能够研究意识本身，和思想如何与现实相关的问题分开。布伦塔诺称这项研究为"现象学"。

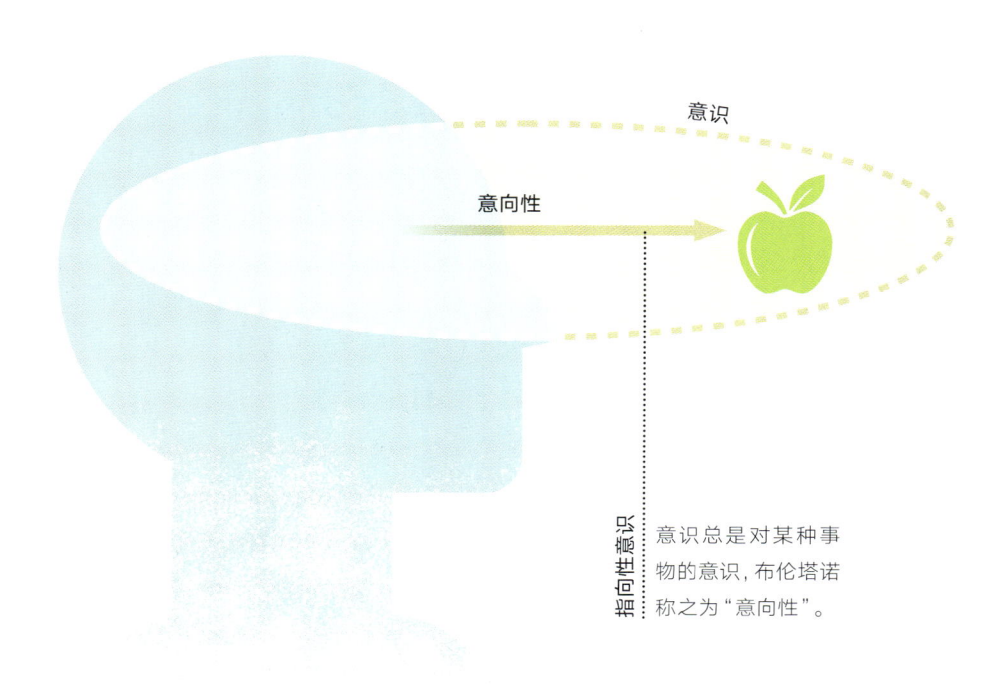

意识

意向性

指向性意识

意识总是对某种事物的意识，布伦塔诺称之为"意向性"。

研究意识

人们通常认为有一个物体，比如一个苹果，存在于这个世界上，但人们想象中的东西却没有。埃德蒙·胡塞尔（1859—1938）称这种假设为"自然态度"。为了使现象学（见上页）对意识进行更严格的研究，他提出一种方法来尽量减少这种态度。他用希腊语"悬置"来描述这种方法，这种方法包括"悬置"或忽略我们对意识的自然假设。这样做并不能拒绝这些假设，但是能阻止它们干扰对意识本身的分析。

意识

指向性意识

意识本身

"悬置"我们的自然假设能够让我们去学习意识本身。胡塞尔称这个技术为"悬置"。

悬置 | 63

过去

海德格尔认为随着时间的推移，我们可以通过生活而不是理论方式理解存在。

存在与时间

马丁·海德格尔（1889—1976）认为，人类会不断走向事物，也就是说朝向实物（例如，苹果树），特别是朝向未来的目标（例如，收获苹果）。他用"此在"或"在世界之中"来描述人类，并认为"此在"跨越时间"延伸"，即从现在之前存在的条件延伸到未来。根据海德格尔的说法，我们的理解能力同样延伸。理解某事不是为了形成一个准确的理论，而是因为它已经成为我们生活中不可分割的一部分。他还声称，因为"此在"是跨越时间而延伸的，所以时间本身就是可以理解存在的手段。

现在　　　　　　　　　未来

局限　对海德格尔来说，本真的生活就是在其局限范围内拥抱体验。

"存在的问题从来没有得到解决，除非通过存在本身。"

马丁·海德格尔

生存现象学 | 65

自我创造

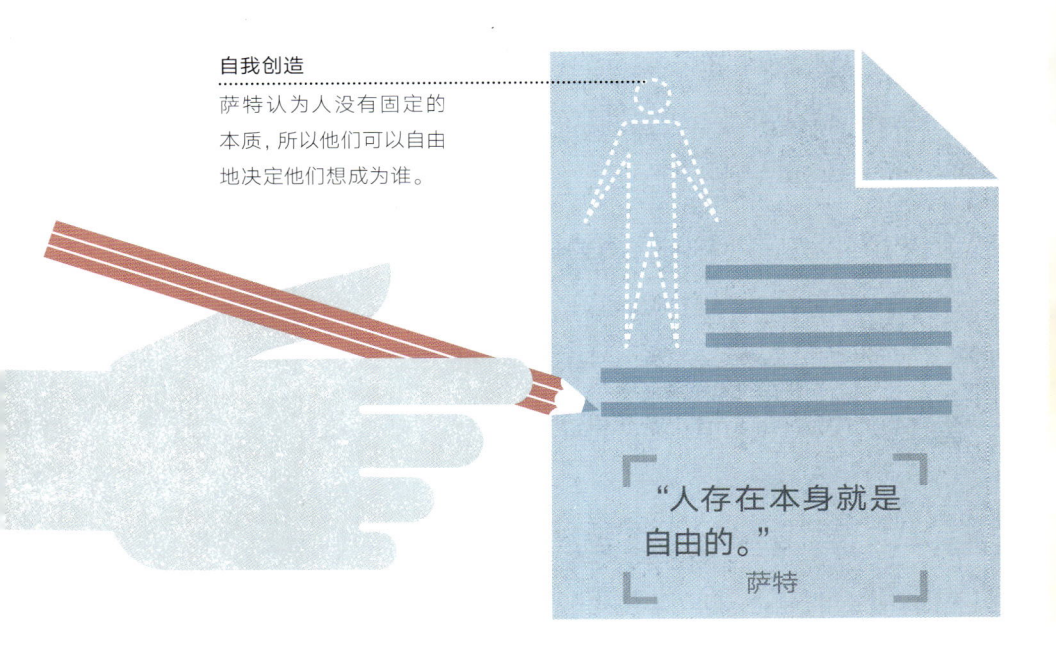

萨特认为人没有固定的本质,所以他们可以自由地决定他们想成为谁。

"人存在本身就是自由的。"
——萨特

荒谬与焦虑

让·保罗·萨特(1905—1980)声称人类在两个方面不同于别的事物。首先,他认为人类并没有像亚里士多德所声称的那样,有一个固定的本质或目的(见第20、22页)。由于缺乏本质,人类的存在是"荒谬"的。其次,他认为人类不受自然法则约束,比如因果法则。相反,他们随时都是自由的,尽管意识到这一点会使他们"焦虑"。萨特认为,一个人只能是真正的人——或者,正如他所说的,通过学习与荒谬和焦虑共生,才是人的"本真性"。

普遍研究
理解一件事的整体有助于理解它的部分。

理解

整体 → 部分

理解是循环的

诠释学是对理解的研究。最关键的原理是，理解有一个循环结构。例如，我们必须在提问前了解一些关于答案的事情——因为我们知道有这样的问题。同样，理解某物的整体首先需要理解它的部分，而理解部分则需要对整体的理解。因此，理解是一个持续的、循环的过程，在其中我们完善假设，从而改变我们对世界的看法。

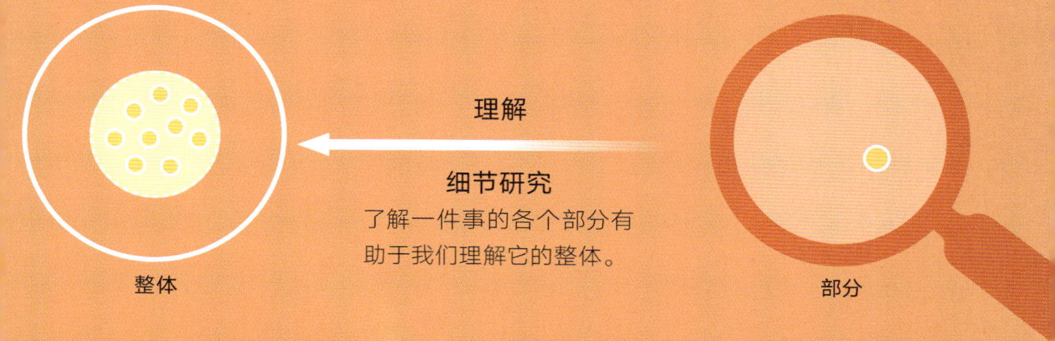

理解

整体 ← 部分

细节研究
了解一件事的各个部分有助于我们理解它的整体。

诠释学

定义女性

作为一个存在主义者（见第66页），西蒙娜·德·波伏娃（1908—1986）坚信人们可以自由地成为任何她们想成为的样子。但她认为女性并没有绝对的自由，而是受到父权文化的限制。在这种文化中，男性是主体——可以自由地采取行动和观看——而女性是被观看和行动的对象。这种文化鼓励女性采取规定的"女性化"方式。随着女孩的成长，她们物化了自己，并会受到压迫。对伏波娃来说，女性是由社会塑造的，而不仅仅是由她们的选择塑造的。

社会化程度提高

婴儿
女婴通常被认为是"漂亮的"而非"强壮的"或"精力充沛的"。

幼儿
女童在外界的鼓励下逐渐成长为一个"听话的小女孩"。

青年
作为女性，进入青春期的她被进一步社会化并且学习"谦逊"。

成人
成年女性是完全被社会化的，表现得"像女人"并服从男性。

女性的社会角色

展示性别

朱迪斯·巴特勒（1956—）根据西蒙娜·德·波伏娃的观点（见上页）认为，性别不是一种内在的现实或自然状态，而是一个人的行为。在巴特勒看来，性别是由反复表演的、被认为是男性化或女性化的行为所创造出来的：一个人走路、说话和行为的方式会使其被视为男性或女性。这种行为遵循的是一个从出生开始就被教导的脚本，而角色是由强大的社会观规范来强制执行的。由于性别本身是被表演出来的，它们可以通过挑战传统性别角色的行为方式来颠覆。对巴特勒来说，即使是身体也不仅仅分为女性或男性：性本身由对性别的文化期望所塑造。

最高的存在

启蒙运动的人文主义者相信,人类几乎拥有像上帝般的理性力量。福柯说,可能并不存在这样的力量。

人之死

在启蒙运动时期(17—19世纪),欧洲哲学家认为人类在本质上确实是理性的,能够了解关于世界和他们自己的真相。米歇尔·福柯(1926—1984)不同意这个观点。根据福柯的说法,人文主义者对"人"的看法已经接近尾声,"就像一张画在海边沙滩上的脸"。他认为我们所谓的"理性"和"真理"会随着时间的推移而改变。我们没有找到关于人类的真理,但我们学会了以新的方式思考和行动。

差异的意义

结构主义由费迪南德·德·索苏尔（1857—1913）提出。结构主义反对经验主义的观点（见第36页），即语言通过指称世界上的事物来运作。相反，结构主义者认为，语言是一种独立于心理和物理现实而存在的符号系统。例如，"猫"的意义不是指世界上的什么，而是它与其他词的区别。这些不同的意义结构，使人们能够交流，并同意（或不同意）什么是真实的。

简单结构

在这个例子中，"宠物"这个词包含了"主人"和"猫"，形成了一个简单的意义结构。

结构主义

流变的意义

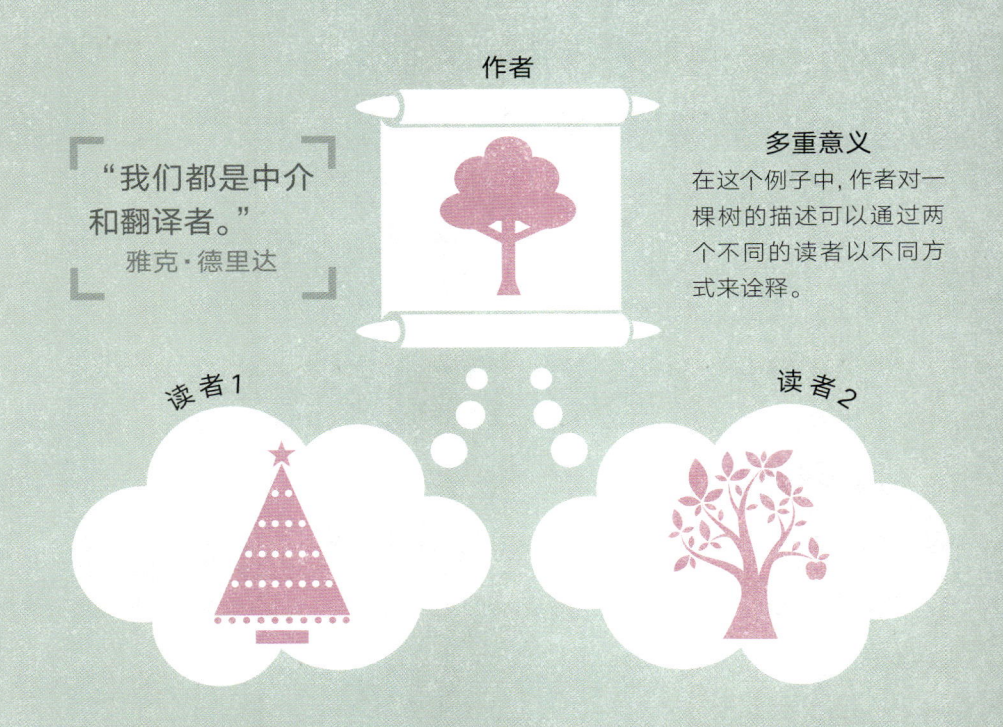

作者

> "我们都是中介和翻译者。"
> 雅克·德里达

多重意义
在这个例子中,作者对一棵树的描述可以通过两个不同的读者以不同方式来诠释。

读者1

读者2

结构主义者声称,意义依赖于单词之间差异的结构(见第71页)。然而,后结构主义者却认为,这种主张忽略了思想、意图和语境在沟通中的作用。他们还指责结构主义者假设"结构"和"语言"等词的含义是固定的,独立于它们应该依赖的结构。根据后结构主义者的说法,词语的含义比结构主义者声称的要"松散"得多,以至于我们应该放弃在语言中表达的真理符合现实的观点。

文本之外无他物

雅克·德里达（1930—2004）是最著名的后结构主义哲学家之一（见上页）。他批评了西方传统哲学家的观点，即认为真理的固定点可以"呈现"。德里达称这种假设是他称为"形而上学"的幻觉的一部分。他用"解构主义"这个词来描述揭露这种幻觉的过程。以书面文本为例，因为单词的含义总是取决于其他单词的表达，所以不可能对它们有充分的理解。正如他所说，任何一个"外界文本"都无法呈现并揭示文本的全部含义。

微生物： 在廖塔德看来，现实是一系列的微观叙事，它们基于局部真相，而不是一个单一的、包罗万象的故事的一部分。

地方性真理

让·弗兰戈伊斯·廖塔德（1924—1998）在《后现代条件》一书中将后现代主义定义为"对现实怀疑"的态度，即不能再相信我们曾经使用的具有世界意义的宏伟故事——例如，创世说、科学的进展。在没有此类叙述的情况下，所有事件都以许多不同的方式被理解，廖塔德称之为"微叙事"。在他看来，正义比真理更重要，因为我们必须确保微叙事能被听到和被所谓的"普遍"叙事所包含。

托马斯·库恩（1922—1996）认为，在正常环境下，科学家们有共同的理解或者关于世界如何运作的"范式"。然而，每隔一段时间，当反对一个公认的科学理论的证据积累起来时，科学就会遭遇危机。库恩认为，只有当科学家能够以全新方式看待世界时，或者正如他所说，当科学思维经历了"范式转换"时，这种危机才能够得到解决。当物理学家不再认为时间和空间对所有观察者来说都一样（如牛顿所主张的），而开始认为它们是相对于每个观察者而言（如爱因斯坦所主张的），这种转换就发生了。库恩声称，科学只有通过这种范式转换才能取得进步。

科学调适

观察的方式
库恩用"鸭子—兔子"双关图来说明范式的转换，这个形状可以被看作一只兔子（有两只耳朵）或一只鸭子（有一个张开的喙）。

心灵与物质

心灵哲学的核心议题是意识问题和身心关系问题。心灵哲学家们通常要么持有二元论的立场（主张心灵与身体是截然不同的两种事物），要么持有一元论的主张（只有一种事物存在，要么是物质，要么是心灵，或者是具有物质与心灵两种属性的事物）。还有一些哲学家提出身心关系中的难题是无解的，例如心灵和身体是否可区分、二者又如何相互影响。另外一些哲学家则声称，"心灵"这一概念应该被完全抛弃。

心灵

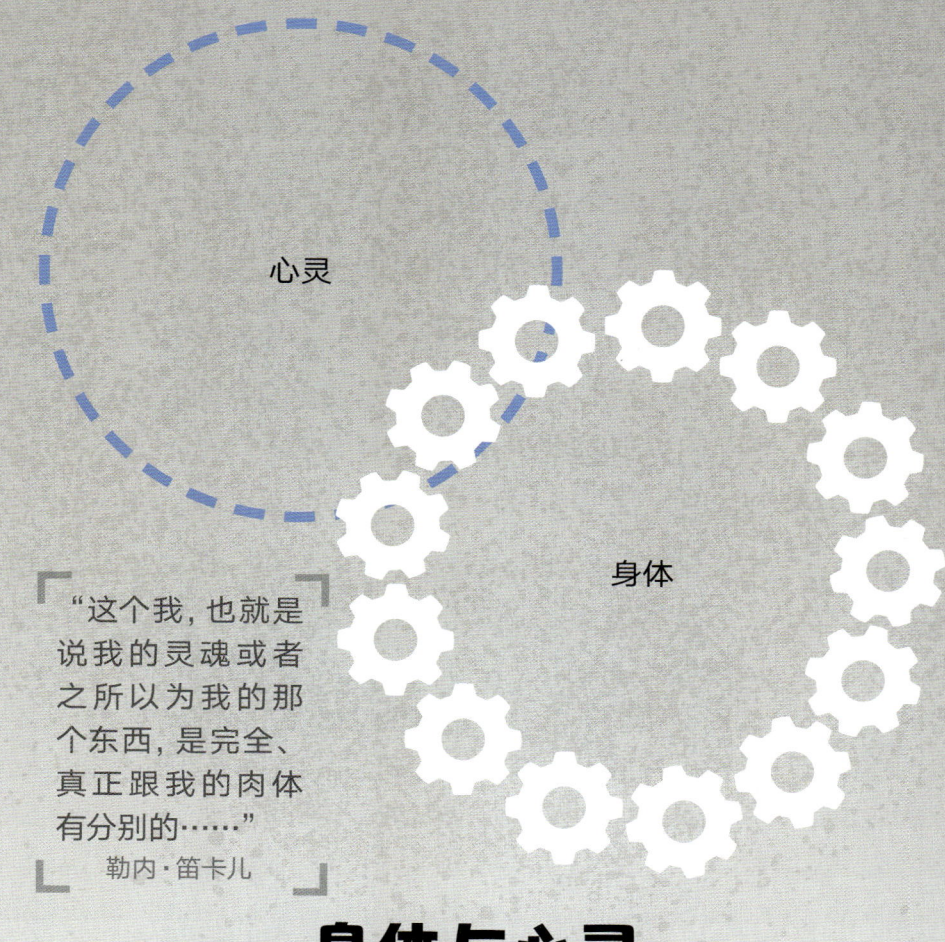

身体

> "这个我,也就是说我的灵魂或者之所以为我的那个东西,是完全、真正跟我的肉体有分别的……"
> 勒内·笛卡儿

身体与心灵

笛卡儿声称,人类由两类实体构成:物质的身体和非物质的心灵(见第33页)。他这样做是因为他相信,虽然整个宇宙像机械钟表一样运行,但是人类行为具有独一无二的自由。然而,这一立场产生了心灵和身体如何交互的难题。在笛卡儿图景中,心灵与身体在大脑的松果腺中交互。他把松果腺描述为"我们所有思想形成的地方"。他的理论在如今很受欢迎,被称为二元论,但人们对心灵如何与身体互动仍有疑问(见下页)。

物理主义者声称，心灵与身体分离的观点（见上页）是有缺陷的。他们主张，物理对象可以相互作用，因为它们占据空间位置且有质量（有广延），但是非物质的心灵既不存在于物理空间中也不具有广延，故无法与身体相互作用。物理主义者认为，世界是物理因果完备的。也就是说，通过对大脑和感官的物理表述，可穷尽关于心灵事件原因的知识。正是因为这个理由，吉尔伯特·赖尔（1900—1976）才将二元论者关于心的概念称为"机械中的幽灵"，即对身体没有影响的幻觉。

世界是因果完备的

心灵

世界

心灵

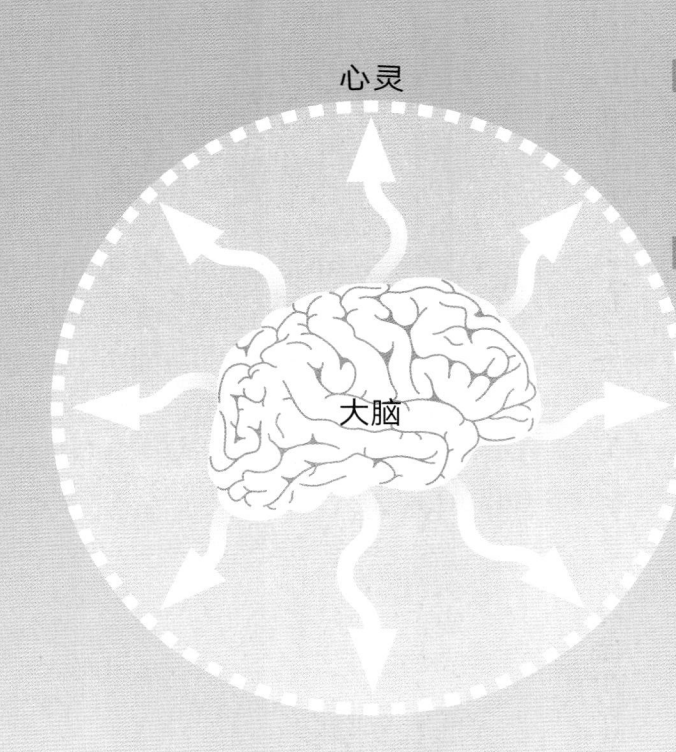

大脑

> "有意识的意愿是一个征兆，而不是一个原因……"
> 乔治·桑塔亚纳

幽灵般的旁观者
副现象论者主张心灵不能影响身体，而是身体物理过程的一个副效应。

没有效用的心灵

许多二元论者（见第78页）认为，由于心灵不是物理的，所以它不能与身体互动。根据这种观点，心灵是一种没有效用的副现象，或者说是大脑的副产品。赫胥黎（1825—1895）为这种观点辩护。他把心灵比作蒸汽火车的哨子——一种由发动机产生的蒸汽驱动的装置，但在火车行驶中不起任何作用。副现象论者认为，如果心灵对身体没有影响，那么自由意志就是一种幻觉。最近的科学研究似乎支持这一观点，一些研究表明，在一个人意识到做出决定之前的200毫秒之内，他的大脑就有明显的激活。

人类还是僵尸?

许多哲学家主张,如果知识基于知觉,那么我们将永远无法确定其他人是否有意识。因为我们只能感知到他们的身体,而不是他们的心灵。我们假设其他人是有意识的,并且有像我们一样的内心生活,但事实上,他们可能是僵尸,只是表现得像人类。尽管我们相信其他人有心灵,因为他们对外界有和我们一样的反应(例如,在痛苦中哭喊或者大笑),但其反应可能是纯粹机械性的,根本不涉及心灵。

我们自己
我们知道自己是有意识的,因为我们有思想内容、感受与感官经验。

其他人
但我们无法知觉到他人的思想内容,所以我们不能确定其他人是否有意识。

不同的视角

我们无法确定其他人看到苹果的感觉,但我们明确知道自己看到苹果时的感觉。一些哲学家认为,像这样的感受质是我们所唯一能确定的。

即刻经验

感受质是即刻经验的多种性质,例如看到玫瑰花"红"的感觉或者"痛"的感觉。它们不同于对这些感受的描述(这是可以被共享的),而是这些感受本身,只有亲身经验才能知道。感受质的出现表明物理主义存在谬误(见第30页)。例如,二元论者(见第78页)主张,对听觉的物理描述解释了声音如何作用于耳朵,但是无法充分解释听到一段音乐的经验。根据这种观点,物理主义忽视了这样一个事实,人是经验的主体,具有私人、内在的视角性。

质疑感受质

路德维希·维特根斯坦对"感受质"这一概念提出质疑（见上页）。在一个思想实验中，他想象了一个共同体，每个人都有一个盒子，里面放着他们称之为"甲壳虫"的东西，其他人不允许看它。维特根斯坦声称，在公共语境中，"甲壳虫"这个词可以指"我们放在盒子里的任何东西"，但它永远不可能指任何具体的东西——因为人们对"甲壳虫"是什么还没有产生共识。他主张，在私人语言里这个词也是没有意义的，因为词语的意义是基于可共享的公共约定（见第60页），并由此得出结论，感受质就像"甲壳虫"——或者是可以谈论的东西（所以不是私人的），或者根本没有意义。

> 我正在想我的"甲壳虫"。

身体语言

一些被称为行为主义者的哲学家主张，心灵如何与身体互动的问题（见第78页）源于对语言的混淆。他们声称，二元论者错误地认为人们有两种属性：与身体有关的物理属性（例如身高），以及与心灵有关的心理属性（例如理智）。相反，行为主义者主张，人类的所有属性在本质上要么是物理的，要么是行为上的：人们"聪明"或"幸福"是因为他们有特定的行为方式，而不是因为他们的心灵有"聪明"或"幸福"的属性特征。行为主义者认为，二元论者所说的"心理属性"只是某种方式的行为倾向。

> 你是悲伤的。

> 这就是你所说的吗？

悲伤的行为

行为主义者主张，我们理解一个词，是通过将诸如"悲伤"这样的词与某些特定行为联系起来的方法。

"心灵不是发条装置的零部件，它们只是一些其他装置的零部件。"

吉尔伯特·赖尔

心理空间：在赖尔看来，我们有一个可以"思考"的空间。这种错觉来自认为心灵是非物质的"事物"。

二元论是错误的。

为什么呢？

内在语言：在赖尔看来，思考包括进行想象性的对话以及在对话中分析和解决各种问题。

想象的对话

吉尔伯特·赖尔主张，思考也是一种行为——一种在想象中对话的形式。他还声称，由于说话是一种公共活动，所以我们的思想并不必具有私人性。

行为主义

信念　　　欲望　　　意图

心灵就是大脑

近年来，物理主义者（见第79页）主张心理状态与大脑状态是同一的。例如，普莱斯（1924—2000）将"感觉"和"大脑状态"这两个术语比作"闪电"和"放电现象"，并声称在任何情况下，它们都是指同一物理事物——只是用更正式的方式来描述另一个。他主张，在日常生活中，我们非正式地谈论情绪和意图，但对意识的准确解释应该只提及大脑和大脑过程。

> "总是在同一时间、同一地点一起发生的两个事件并不是两个事件，而是同一个事件。"
>
> 埃德温·G. 博林

神话般的心灵

一些物理主义者（见上页）主张，我们通常用来解释人类行为的概念极具误导性，以至于应该放弃这些概念而采用科学术语。这些人被称为取消式唯物主义者，他们声称日常语言中使用了神话般的概念，如信念、欲望和意图，这些概念未能解释人类的真正运作方式。根据取消式唯物主义者的说法，最大的神话是心灵本身，而它只不过是一个物理过程网络。

神话般的实体

一些物理主义者声称，"自我"就像神一样，是一种想象的存在，不能解释人类的行为。

宙斯很生气

我很愤怒

对现实的陈述

取消式唯物主义者认为，"我很生气"这句话应该被替换成关于大脑的陈述。

暴风雨来袭

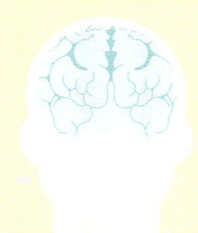

大脑处于某一特定激活状态"X"中

取消式唯物主义 | 87

机器能思考吗?

一些哲学家专注于心灵能做什么而不是它到底是什么,因此被称为功能主义者。他们主张,如果人类和机器可以执行相同的认知任务,那么二者应该被认为具有同等的智能。对于功能主义者来说,人类的心理状态,如思考或相信,就像在大脑硬件上运行的软件。

评估智力
功能主义者认为,判断一个人的智力状况,应当基于其行为而非物理构成。

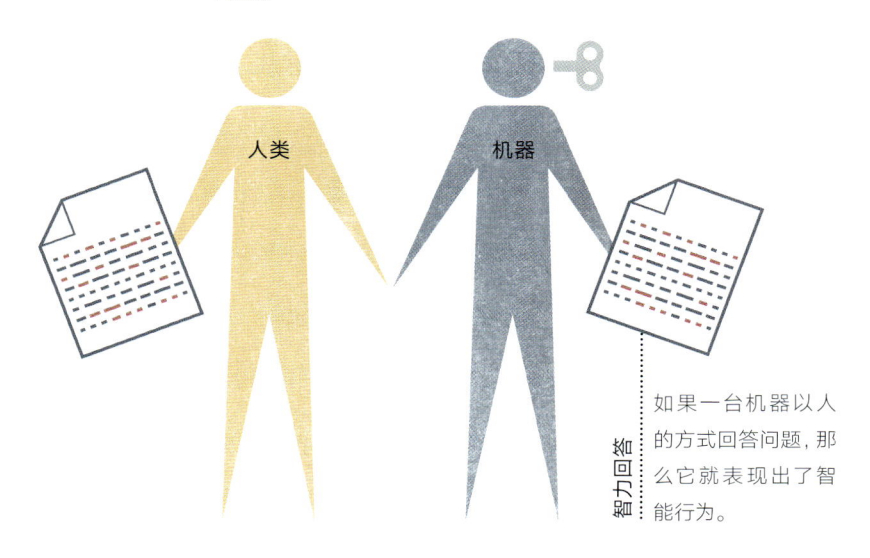

人类　　机器

智力回答
如果一台机器以人的方式回答问题,那么它就表现出了智能行为。

> "我们为什么不能说,一切像钟表一样用发条和齿轮运行的'自动机械结构'也具有人造的生命呢??"
> 托马斯·霍布斯

谢谢。　　　　　　不客气。

懂中文的人　　　不懂中文的人

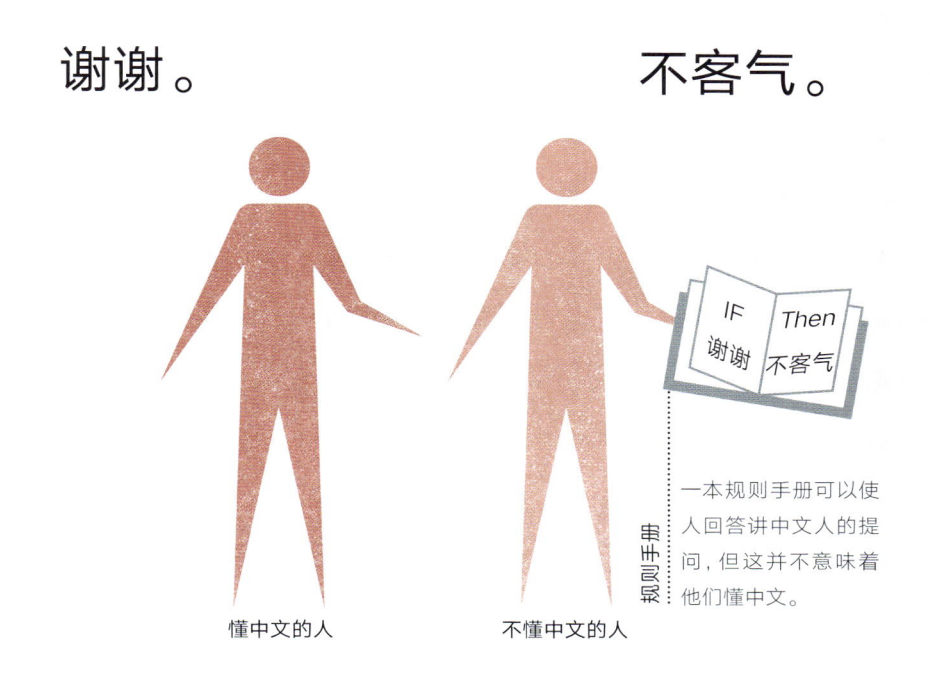

规则手册

一本规则手册可以使人回答讲中文人的提问，但这并不意味着他们懂中文。

人类的理解

约翰·塞尔（1932—）认为功能主义者（见上页）忽略了人类和机器之间的主要区别：人类能理解，但机器不能。他声称，人类的语言既有句法（语法结构）又有语义（意义），而机器只依照指示行动，这等同仅拥有句法。他把这种区别比作一个懂中文的人和一个按照规则手册说中文的人。

心灵

物质

一个更大机器的齿轮

巴鲁克·斯宾诺莎（1632—1677）主张，正如高度和颜色是物理对象的两种属性一样，心灵和物质也是基本实体的两种属性，他称之为"上帝"和"自然"。斯宾诺莎不相信独立于世界的创造者，而是相信上帝就存在于万物之中。他认为心灵和物质是人类理解的上帝的两个方面。正如一个物体的高度并不决定它的颜色一样，物质也并不决定心灵。反之亦然，两者是平行运作的。

一个无法解开的迷团

神秘主义者声称,意识是一个可能永远无法解开的谜。在皮尔士(见第50页)之后,他们将问题和谜团区分开来。前者原则上是可以解决的,后者则是无法解决的,因为它们在人类理解的范围之外。他们主张,一个有机体的认知范围(能够理解什么)由其生物需求决定。正如黑猩猩不需要理解天文学一样,人类也不需要理解意识的本质。

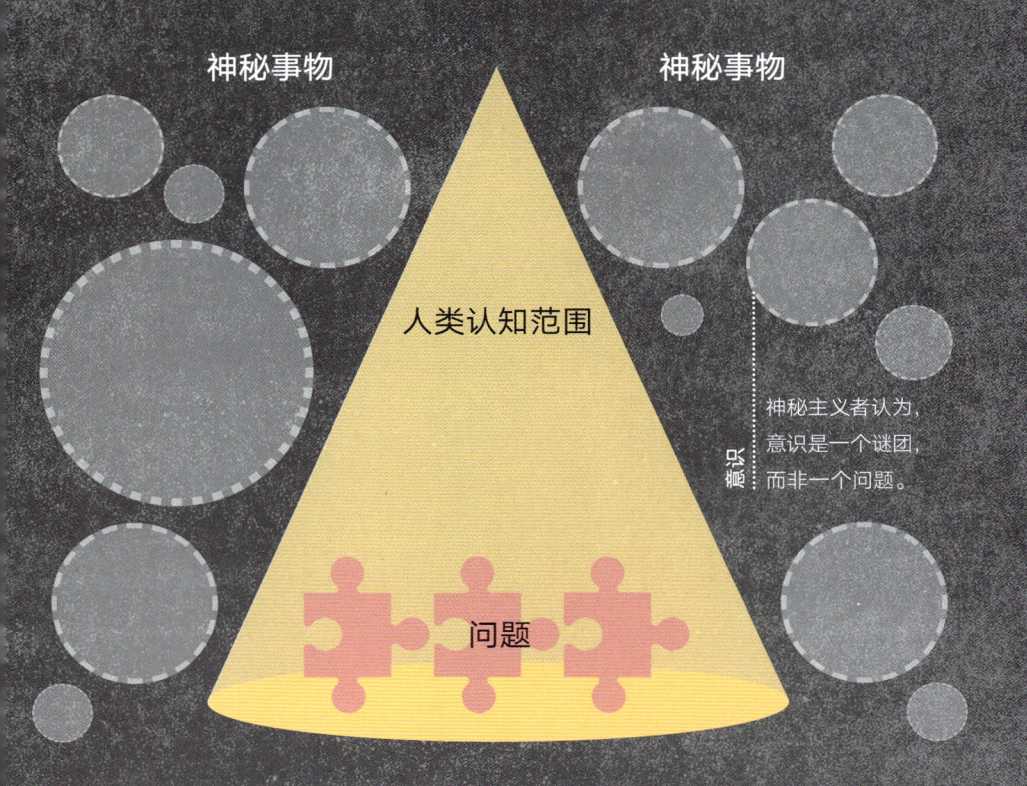

神秘事物　　　　　　神秘事物

人类认知范围

意识

神秘主义者认为,意识是一个谜团,而非一个问题。

问题

神秘主义

正确与错误

伦理学是哲学的一个分支，更关注道德价值。它的关键问题包括"我们应该如何行事？"和"我们如何知道我们的道德价值是否正确？。"在回答这些问题时，哲学家们分为两大类：第一类是后果论者（例如杰里米·边沁），他们主张一个行为的道德性取决于其结果；第二类是义务论者（例如伊曼努尔·康德），他们声称一个行为的道德性质取决于它是否遵循道德法则。伦理学家也研究道德概念的意义，特别是"好"与"坏"、"恶习"与"美德"的概念。

元伦理学

规范伦理学

正确的　　错误的

语词与行动

伦理学大致分为两个主要领域：元伦理学和规范伦理学。其中元伦理学更具理论性。它探索道德概念的本性，如"好"与"坏"，并询问我们如何能够区分"正确"与"错误"。另一方面，规范性伦理学提出了一个更实际的问题："我们应该怎样做？"它关注我们判断自身行动道德与否的方式，并试图找到我们可以遵守的伦理规则。

有德行的生活

不足　　　　　　　　过度

中庸之道

美德伦理学分辨
并调查了被认作美德
（道德上的善）和用来刻画
有德之人的特征的人类特质，包括
诚实、公正、慷慨等品质。美德伦理学
家还研究美德的本性和定义、它在实践中的
意义，以及一个人如何才能成为有德行的人。例
如，古希腊哲学家们声称有德行的人的目标是过一种
"良好生活"：一种因为有德行而充实的生活。亚里士多德
主张，这种美好生活的一个特点是适度，这涉及在不足（太少）
和过度（太多）之间找到"中庸之道"。

> "决定我们性格的是我们对善或恶的选择，而不是我们关于善或恶的看法。"
> 亚里士多德

涅槃

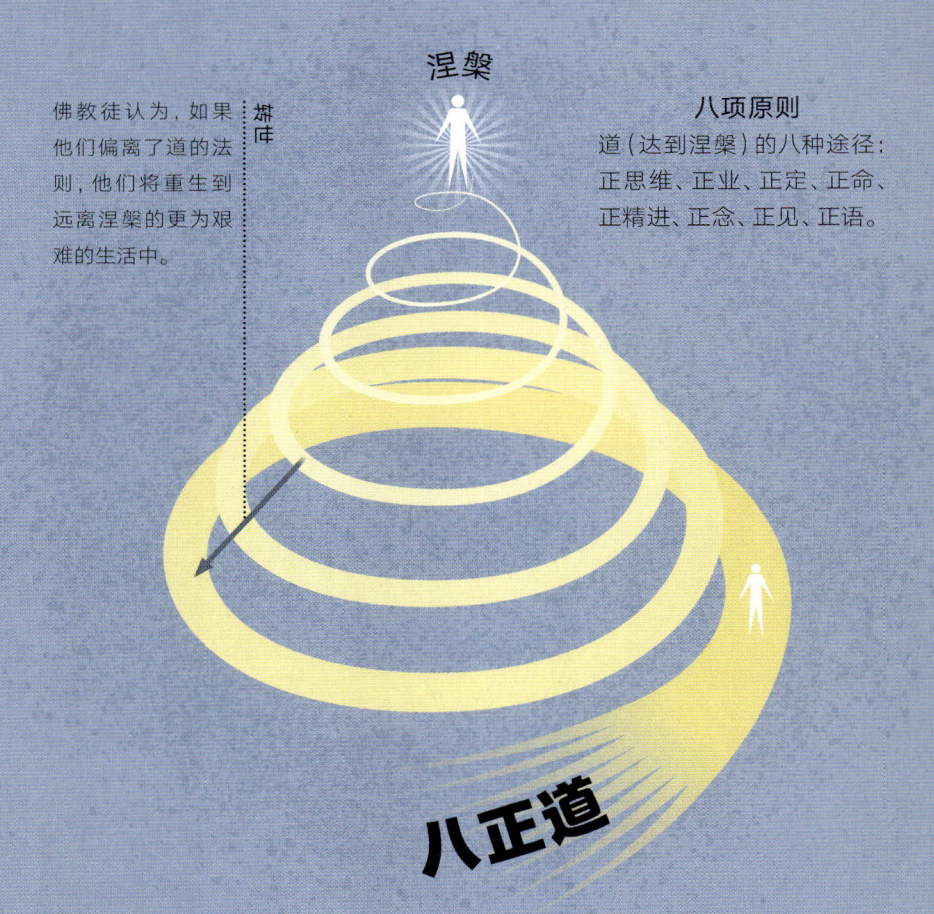

佛教徒认为，如果他们偏离了道的法则，他们将重生到远离涅槃的更为艰难的生活中。

梵语

八项原则
道（达到涅槃）的八种途径：正思维、正业、正定、正命、正精进、正念、正见、正语。

八正道

佛教是一种古老的宗教，起源于印度。它的中心思想之一是Samsara（梵语"轮回"，生、死、重生的循环）。这个循环能够通过一种良好生活来逃脱。被尊称为佛陀的释迦牟尼（约公元前563—公元前483）通过八正道提出了通往美好生活的道路。他的追随者被称为佛教徒，他们认为人们可以通过践行八正道最终克服轮回。佛教徒的最终目标不是天堂，而是涅槃——一种从所有世俗的执着中解脱出来的非存在状态。

典范
孔子认为君子倡导人们追求五种美德。

五常

　　孔子（公元前551—公元前479）驳斥了"美德由神赐给某个特定社会阶层"这一观点。相反，他认为在一个以他所谓的"五常"为基础的社会中，每个人都可以培养出这种美德。对孔子来说，最基本的美德是仁爱。它体现在黄金法则中："己所不欲，勿施于人"。第二种美德是正义或公义；第三种美德是忠诚或诚信；第四种美德是智慧；第五种美德是尊重，特别是对传统的尊重。

道德后果

后果主义认为，一个行动的道德价值由其后果决定，而不是由其是否符合约定俗成的标准或道德法则决定。这种道德哲学方法在15和16世纪的欧洲文艺复兴时期得到了发展，并成为杰里米·边沁的功效主义的基础（见第102页）。政治哲学家尼可罗·马基雅维利（1469—1527）将其推向了极端。后果主义倡导"目的决定手段"的思想。

> "过去的每一个优势都是根据最终问题来判断的。"
> 德摩斯梯尼

好的后果　　　　不好的后果

道德法则

有一些道德法则定义了道德上什么是正确的，而且遵守规则是我们的义务，无论结果如何，这种观点被称为"义务论"。许多义务论者主张，道德法则就像自然法则或数学原理，违反它们是有悖自然或非理性的。在现代伦理学中最著名的义务论支持者是伊曼努尔·康德。他提出"绝对命令"（见第106页）反对当时的后果主义伦理学。

> "大自然将人类置于痛苦和快乐这两个至高无上的主人的统治之下。"
> ——杰里米·边沁

快乐原则

享乐主义的观点是快乐决定福祉，凡是促进快乐的东西都在道德上是向善的。对于享乐主义者而言，通过满足欲望来寻找快乐是生活中的最高善。因为快乐的对立面是痛苦和苦难，所以避免这些也是好事。享乐主义起源于德谟克利特（见第17页）和昔兰尼的阿里斯蒂普斯（约公元前435—公元前356）。快乐和痛苦是决定道德主要因素的观点，此观点也能够在功效主义中找到（见第102~103页）。

痛苦　　　　　　　　　　快乐

伊壁鸠鲁主义

伊壁鸠鲁将幸福定义为一种宁静的状态，这种状态是通过摆脱痛苦和焦虑——特别是对死亡的恐惧——达到的。对伊壁鸠鲁来说，这种幸福是美好生活的目标。

宁静

幸福等同于善好

在古希腊，道德哲学家的目标是使人们能够过上"美好的生活"，也就是说，既要有美德，又要有幸福。对于享乐主义者（见上页）而言，这两个概念实际上是等同的。他们声称，如果幸福是道德上向善的结果，那么导致幸福的东西就是道德上的善好。享乐主义者伊壁鸠鲁（公元前341—公元前270）根据同样的原则建立了自己的思想流派，被称为伊壁鸠鲁主义。他主张幸福是美好生活的目标。但与其他享乐主义者不同的是，他认为幸福源于内心的宁静，而不是在追求快乐的过程中找到的。

恐惧

最大化的善

在18世纪，一些英国哲学家认为：一个行动向善与否可以通过其后果来判断（见第98页）。杰里米·边沁（1748—1832）认为，行为在道德上的合理性取决于它们所造就的快乐或痛苦的程度。他提出了计算行动"效用"的公式（它们在多大程度上具有愉快或痛苦的结果）并得出结论——最好的行动方案是能使最多的人获得最大的幸福。这一思想流派被称为"功效主义"。

> "大多数人最大的幸福是道德和立法的基础。"
>
> 杰里米·边沁

行为功效主义

在边沁看来，每个行动的效用可以通过衡量其结果，也就是通过考虑受影响的人数和快乐或痛苦的程度获得。这种观点被称为"行为功效主义"。

最多3人

最大化的善

权衡一个行动的潜在后果并不总是可行的；我们往往根据有限的信息来作出决定。为了克服这个问题，规则功效主义建议遵循一般规则，而不是单独衡量每个行动的效用。

规则功效主义

"是"与"应该"之间的鸿沟

是		应该
事实		价值

大卫·休谟不同意以下观点：伦理原则是建立在一个客观的道德法则上的（见第106页）。他认为理性是"激情的奴隶"，并声称我们根据自己的情感来决定什么是好坏，然后用理性思维来辩护我们决定的正确性。正因为如此，他主张，事实陈述和价值陈述（包括伦理价值）之间存在着不可逾越的鸿沟。换句话说，我们不能仅仅通过"是"的情况来推测"应该"的情况。

> "道德的规则不是我们理性的结论。"
> 大卫·休谟

糟糕 = ☹

嘘！

嘘声理论

主观主义持有道德陈述是基于主观感受而非理性思考的观点。主观主义者认为，我们的道德价值观是感受的表达，而不是事实的陈述。例如，当我们说"杀人不对"时，我们是在表达我们的感受，即不应该杀人，而不是关于事实的陈述。同样，由外部权威机构强加给我们的道德准则，如"不许杀人"，只是描述了这些权威认为可以接受的行为。情绪主义或"嘘声理论"与主观主义相似。情绪主义者主张"好"与"坏"这两个词并没有字面意思，仅表示赞同或不赞同，相当于发出"万岁！"或"嘘！"的声音。

万岁！

太棒了 = ☺

普遍规则

伊曼努尔·康德认为,道德法则切实存在(见第99页),而且能够通过理性发现。他把这个法则称为"绝对命令",这意味着它是普遍真实的。因此,每个人都必须根据它采取行动。绝对命令指出,人们必须以这样一种方式行事,即他们愿意让自身的行为成为普遍规则——换句话说,对于每个人而言,他们都愿意如此行事。康德声称,不以这种方式行事就不合理。他还主张,为实现特定目标而不是为了遵守道德规则采取的行动(见第98页)在伦理上是不正当的。

上帝的旨意　　　　　　　　　一言难尽

　　　　　　　　　　　　　　　心存向往

好　　　　是

心满意足

有益无害　　　　　　　　　　令人愉悦

> "如果有人问我什么是好？我的回答
> 是：好即是好，仅此而已。"
> G. E. 摩尔

好即是好

　　G. E. 摩尔（1873—1958）声称，"好"不能用任何其他概念来定义，比如说"令人愉悦"或"心存向往"。他主张，尽管令我们愉悦的事物被认为是好的，但并不是说"好"这个词就意味着"令我们愉悦的事物"。同样地，我们可以说愉悦是好的，这并不意味着好和愉悦是同一回事。摩尔认为，愉悦或满足是一种自然属性（一种特性，如圆润或柔软），但"好"是一种非自然属性，不能被看到、触摸到或简化。他主张，我们对好的认识是本能的，而通过定义它，我们犯了一个"自然主义谬误"，即将其与自然属性混为一谈。

普遍价值

一些哲学家主张,道德是客观的、基于事实的。它的规则能够被发现,就像自然法则一样。因此,道德独立于人类思想或活动并具有普遍性(即在任何时候都适用于世界上的每个人)。凡是客观上被证明为在道德上是好的(例如"正义"或"慈善")总是好的,而任何被证明是坏的东西(例如"贪婪"和"偷窃")都是坏的。道德普遍主义就是认为普遍道德理论可以建立在客观道德真理之上的观点。

好

主观价值

　　与道德普遍主义论者（见上页）相反，道德相对主义论者主张道德属于人类建构。这意味着它是主观的（意见观点）而不是客观的；在一种情况下被认为是好的东西在另一种情况下可能是坏的。作为这方面的证据，相对论者指出不同文化之间道德准则的差异。例如，在有些文化中饮酒被认为是不道德的，但在其他文化中饮酒则是可以接受的。道德相对主义论者提倡这样一种观点，即我们的道德原则由文化而非道德事实塑造。

坏

强硬决定论
人们对自己能够做什么无从选择，因为所发生的一切是预先决定的。因此，自由意志是一种幻觉。

命运还是自由选择？

一般来说，人们认为自己有自由意志，有能力从一系列可能性中选择做什么。许多哲学家为这一观点辩护，但其他那些强硬决定论者则声称自由意志是一种幻觉。他们主张，鉴于每一个事件背后都有一个原因，所有人类行为都由过去的事件预先决定。第三类哲学家被称为温和决定论者，他们主张自由意志与决定论相容。根据这种观点，人们享有一定程度的自由，但他们的决定基于他们的人格特质，这由遗传或环境决定。

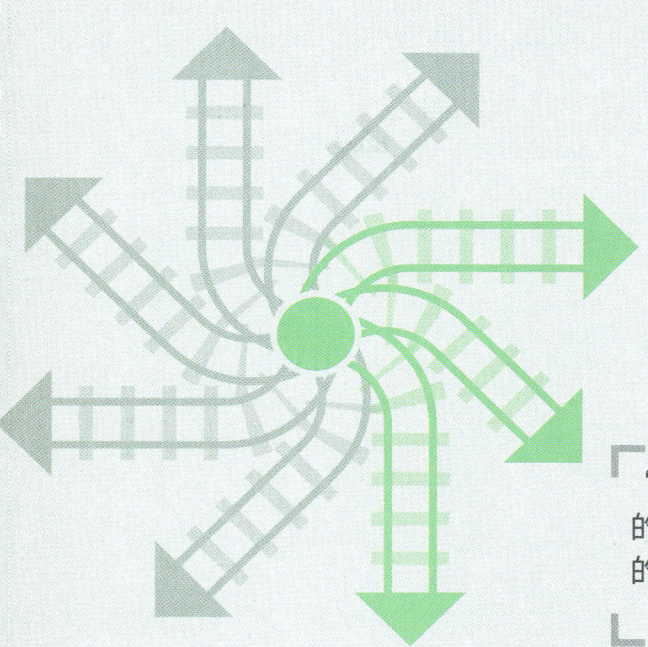

温和决定论
人们可以在有限数量的行动之间进行选择。然而，他们的选择取决于他们的性格，而这些性格由生物和环境因素形成。

> "人可以做他想做的，但不能要他想要的。"
> 阿瑟·叔本华

自由意志
当面临选择时，人们能够按照自己的意愿行事，是因为他们的决定并不是预先确定的。因为人有自由意志，所有行动路线都始终对他们开放。

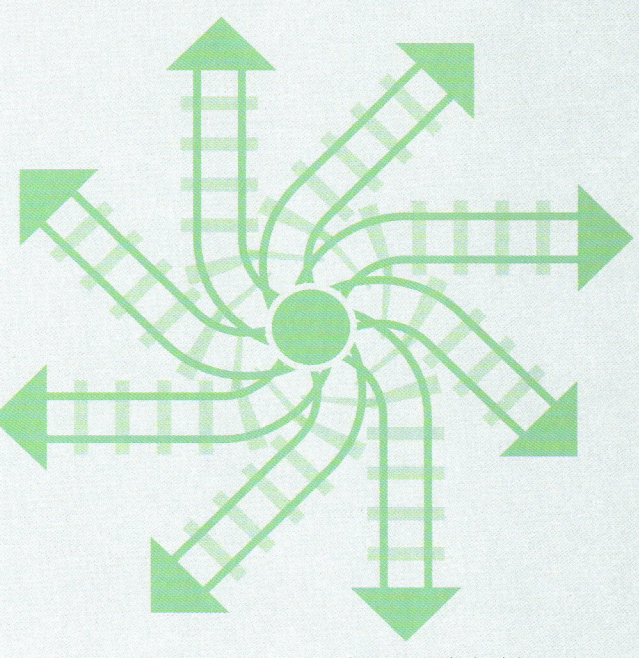

命运还是自由选择？

道德价值的起源

弗里德里希·尼采认为，许多关于道德的想法都是过时的。他声称，我们的道德价值观是在一个社会被划分为主人和奴隶的时期发展起来的。他所说的"奴隶道德"在本质上是宗教性的，强调的是为了来世得到回报而谦卑。相比之下"主人道德"是没有宗教色彩的，强调的是今生的权力和成就。在尼采看来，既然"上帝已死"（见第49页），人们就可以自由选择他们自己的、肯定生命的价值观。

好、坏、恶
在"主人道德"中，坚强的和有生命力的就是好的，而软弱和顺从是坏的。在"奴隶道德"中，谦逊和善良等美德是善的，而满足和权力的行使是恶的。

好或坏

主人

善或恶

奴隶

超人

权力意志
对尼采来说，传统道德是压抑的，限制了我们的自然冲动和本能。这些是他所谓"权力意志"的表现，促使我们走向成功。

> "成为你自己！"
> 弗里德里希·尼采

超越善与恶

弗里德里希·尼采鼓励现代社会摒弃"奴隶道德"（见上页），主张人们可以选择他们自己的道德价值观，因为他们的行为不应该被认为是"善"和"恶"的问题。他提出，人们可以自由地充分生活，满足自己的内心需求和欲望，而不是遵循别人强加给他们的道德准则。尼采的"超人"（übermensch）描述了一个通过"超越善与恶"来创造自我道德的人。

道德困境 拉动操纵杆将改变电车行驶方向——这一行为将杀死一个人,但却能拯救五个人的生命。

失控的电车 一辆电车冲到轨道上,有五个人在这条路径上。

道德选择

　　为了强调道德选择问题,菲利帕·福特(1920—2010)设计了一个被称为"电车难题"的思想实验。它设置了一个道德困境:一辆失控的电车沿着目前的路线行驶,将杀死五个人。站在附近的人能够拉动一个拉杆,使电车转到一个岔道上,在那个岔道上只有一个人。如果他们采取行动,他们要对一个人的死亡负责;但是如果他们什么都不做,他们是否要对五个人的死亡负责?对于福特来说,这个问题的答案并不简单。

114 | 电车难题

现实世界的伦理学

应用伦理学研究的是伦理原则与现实生活情况之间的关系。它在不同的伦理理论之间寻找共同点,并质疑某些伦理原则是否能够被统一应用。比如,来自不同道德传统的人可能同意某些行为是错误的,但对它们为什么是错误的却持有不同意见。另一方面,每个人都可能同意,社会应秉持公平正义,但每个人对哪种类型的社会最能实现这一目标却持有不同意见(见第136~137页)。应用伦理学试图找到一致意见,特别是在政治、经济、技术和医学等领域。

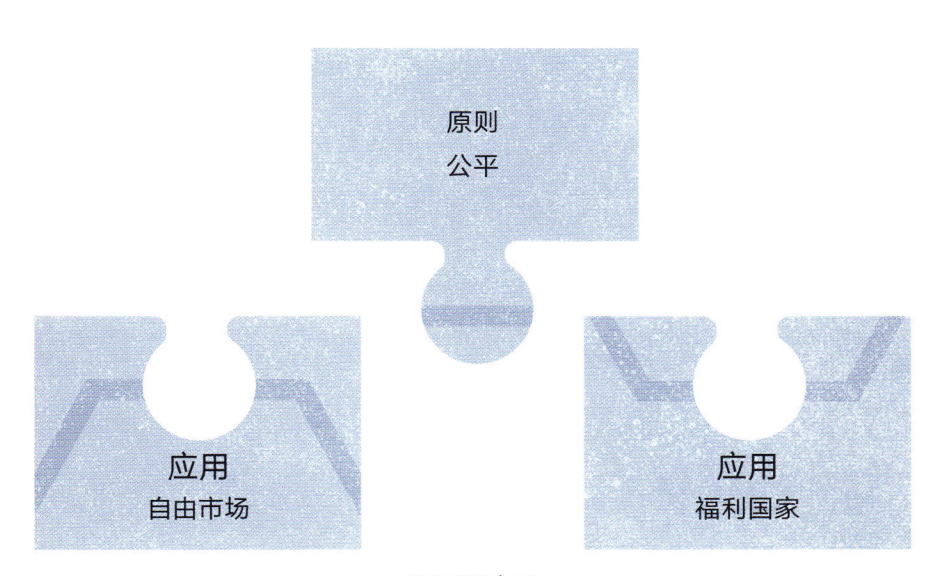

原则
公平

应用
自由市场

应用
福利国家

原则和应用
社会应秉持公平正义的原则可用来辩护自由市场经济(见第127页)和福利国家的合理性,后者为弱势群体提供支持。

动物的苦难

包括亚里士多德在内的早期西方哲学家,认为生命体有层级之分,从植物到"低等"动物(如蠕虫)到"高等"动物(如猿)再到人类。他们声称人类是优越的,因为只有人类才有推理能力。因此,我们在做道德决定时应该优先考虑人类。功效主义者杰里米·边沁(见第102页)对这种观点提出了质疑,即:"动物是否会遭受痛苦?"如果答案是肯定的,我们就应该考虑它们的利益。彼得·辛格(1946—)进一步强化这一观点,主张我们应该对人类和动物的利益持同等的关注态度。

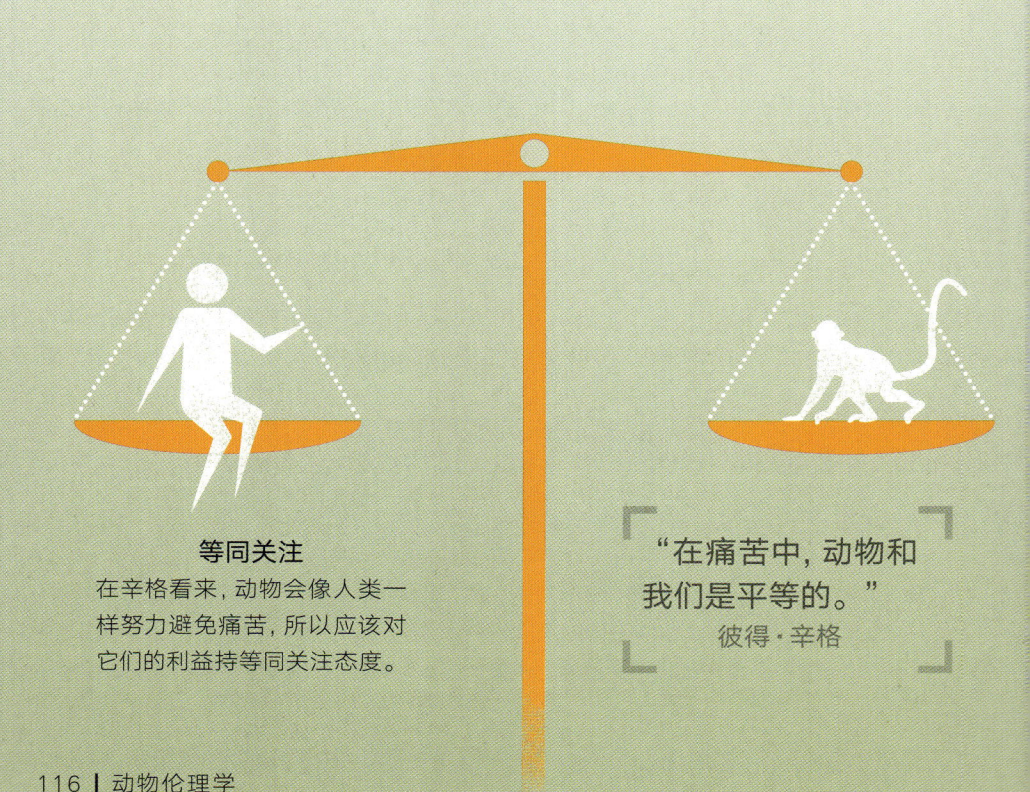

等同关注
在辛格看来,动物会像人类一样努力避免痛苦,所以应该对它们的利益持等同关注态度。

> "在痛苦中,动物和我们是平等的。"
> ——彼得·辛格

内在价值
自然界中的一切都有内在价值。

深层生态学

自从进入文明社会以来，人类倾向于将自己与自然界分开，认为自然界是为了满足人类自身的利益，作为供人类开发的资源而存在的。到了20世纪，这种态度的后果——如气候变化——促使了环保主义运动的出现，而且这场运动至今还在持续进行。阿恩·奈斯（1912—2009）等哲学家们主张他们所谓的"深层生态学"，建议人们应该学会将自己视为自然世界的一部分，重视自然的内在价值，而不是为了能从自然界中获得什么。

人类的收获
人们可能忽略了自然界的内在价值，而只从如何使自身受益的角度来看待它。

环境伦理学

政治与权力

政治哲学是对个体与国家（政府机构）之间关系的研究。其中一个关键的话题是："国家"究竟是人为的概念还是对我们社会本质的真实表述？哲学家们还质疑了政治权力的本性并进一步研究了政府是如何为其权威辩护的。哲学家们关心的问题包括：公民是否应当对他们的政府效忠，民主和专制之间的区别，个人自由和公共福祉之间的平衡，等等。

> "除非哲学家成为我们这些国家的国王……否则必将祸害无穷，永无宁日。"
> ——柏拉图

智慧领袖

柏拉图主张政治决策不应当由普通公民直接作出，因为他们对诸如正义、美德之类的概念理解存在缺陷。他声称那些对这些概念有着更好理解的哲学家们是执政的最佳人选，因为他们被真理和城邦利益所驱动。他总结道，政府应由哲人王组成的精英群体长期监管。

- 廉洁
- 免于拙劣的争论
- 崇尚真理

为了国家的利益

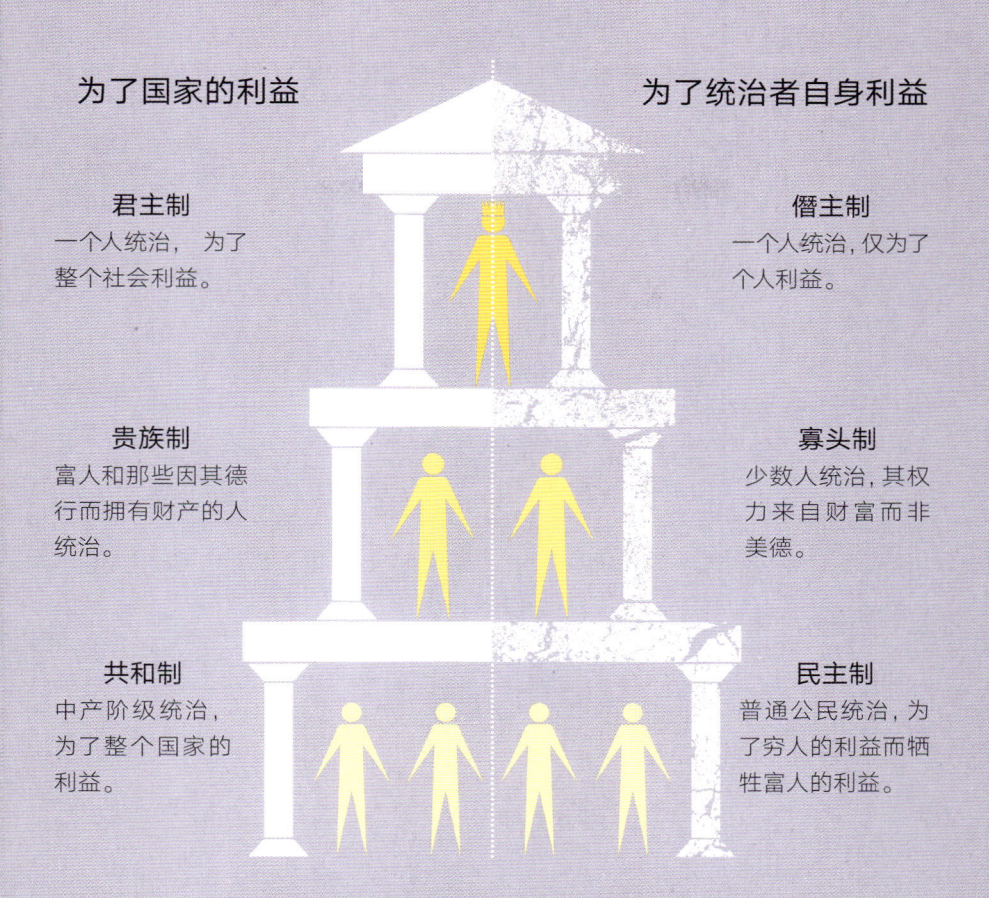

君主制
一个人统治，为了整个社会利益。

贵族制
富人和那些因其德行而拥有财产的人统治。

共和制
中产阶级统治，为了整个国家的利益。

为了统治者自身利益

僭主制
一个人统治，仅为了个人利益。

寡头制
少数人统治，其权力来自财富而非美德。

民主制
普通公民统治，为了穷人的利益而牺牲富人的利益。

统治的方式

亚里士多德定义了三种政府：由个人（君主制）、少数人（贵族制）、多数人（共和制）组成。他主张，如果不能追求共同利益，每一种都会偏离到一种降级的形式。对亚里士多德而言，如果政府只追求个人利益，君主制会变成僭主制，贵族制会变成寡头制（富人的政府），共和制则变成民主制。

政体的类型

天命所归

天命是中国古代的政治观念，即皇帝从上天获得权威，但只有当他们为了人民的利益而执政时才有效。类似地，所谓"君权神授"思想流行于17世纪的欧洲，但存在一个关键的区别：欧洲君主相信，无论他们的行为如何，他们都有来自上帝的统治权。政治理论家罗伯特·菲尔默（约1588—1653）在他的著作《父权制》中捍卫了国王的神圣权利。他声称，所有政府的真正模式是父权，父亲在家庭中的权威由上帝赋予。

> "王权或主权从属于绝对权力。"
> 罗伯特·菲尔默

统治者
法家政府的建立是为了维护统治者的绝对权威。

大臣
官员执行统治者的意愿,一旦失败,将受到惩罚。

百姓
百姓一言一行皆受到法律约束。

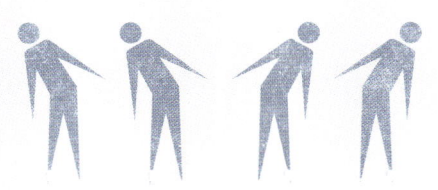

严刑峻法

战国时期,中国政治家商鞅(公元前390—公元前338)和韩非子(公元前280—公元前233)等人主张一种被称为法家思想的国家哲学,要求人们完全服从国家统治。他们认为统治者应该用严格的法律和刑罚来管理国家和人民。执行法律的大臣们将根据他们履行职责的程度受到奖励或惩罚。

混乱恶于暴政

社会契约
霍布斯认为,为了避免停留在自然状态,人们建立了主权国家来进行统治。人们保留了自我辩护的权利,但交出了所有其他权利。

  托马斯·霍布斯在英国内战期间主张,虽然国王没有神圣的统治权(见第122页),但国王或最高统治者对于维持社会秩序至关重要。他声称,国王的权力来自他们的公民,而公民的天性是好胜和好斗的,他们依赖统治者来保护他们并维持秩序。在"自然状态"(无政府状态)下,生活将是"肮脏的、野兽般的和短暂的",人们会为了被统治而甘愿放弃他们的自由。

最小权力

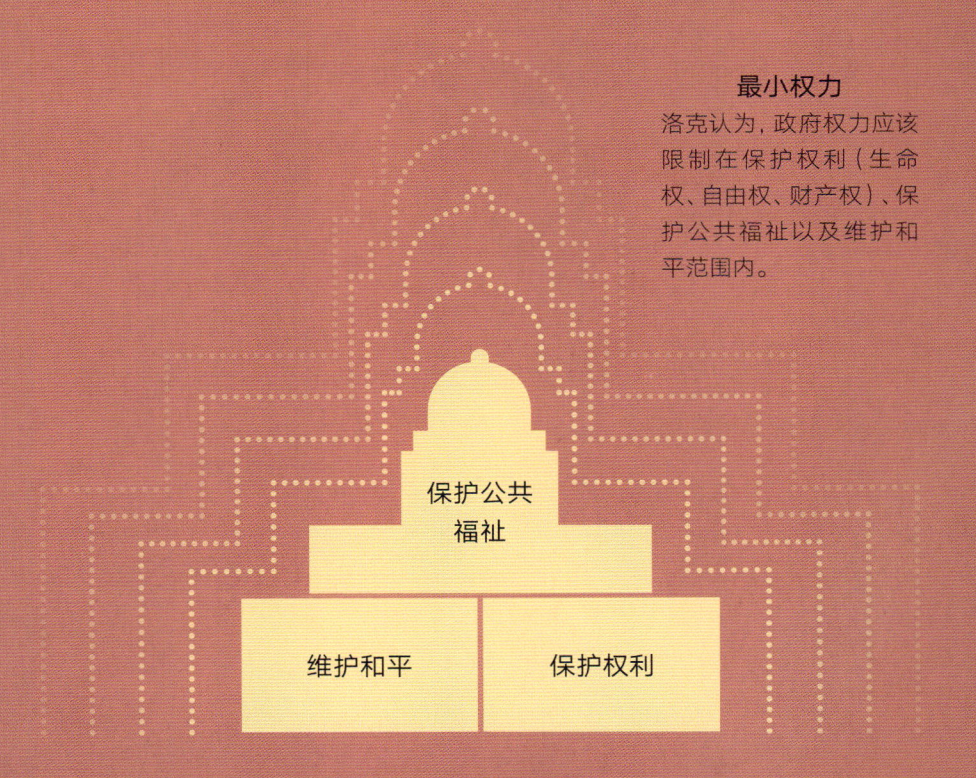

洛克认为，政府权力应该限制在保护权利（生命权、自由权、财产权）、保护公共福祉以及维护和平范围内。

保护公共福祉

维护和平　　保护权利

保护自然权利

17世纪后期，约翰·洛克主张政府权力应该受到限制。他认为，在自然状态下（政府成立前的一段时间），人拥有包括财产权在内的自然权利，政府的建立就是为了保障这些权利。他和托马斯霍布斯均声称政府的权威依靠民意（见上页）。然而，他主张，如果政府不保护人民的权利，人民也有权反抗。

有限政府 | 125

民治

让-雅克·卢梭(1712—1778)认为,人的天性是合作的,但政府制造了不平等,进而导致社会动荡。他试图寻找一种方式,让人们可以在没有这些问题的情况下享受政府的好处。卢梭的答案是人民主权:一种由公民直接做出决策的制度。例如,通过针对特定问题展开公民投票而不是由选民代表做出决定。在这样的系统中,人们掌握自己的政治命运,而决策是卢梭所谓的"公意"的表达。

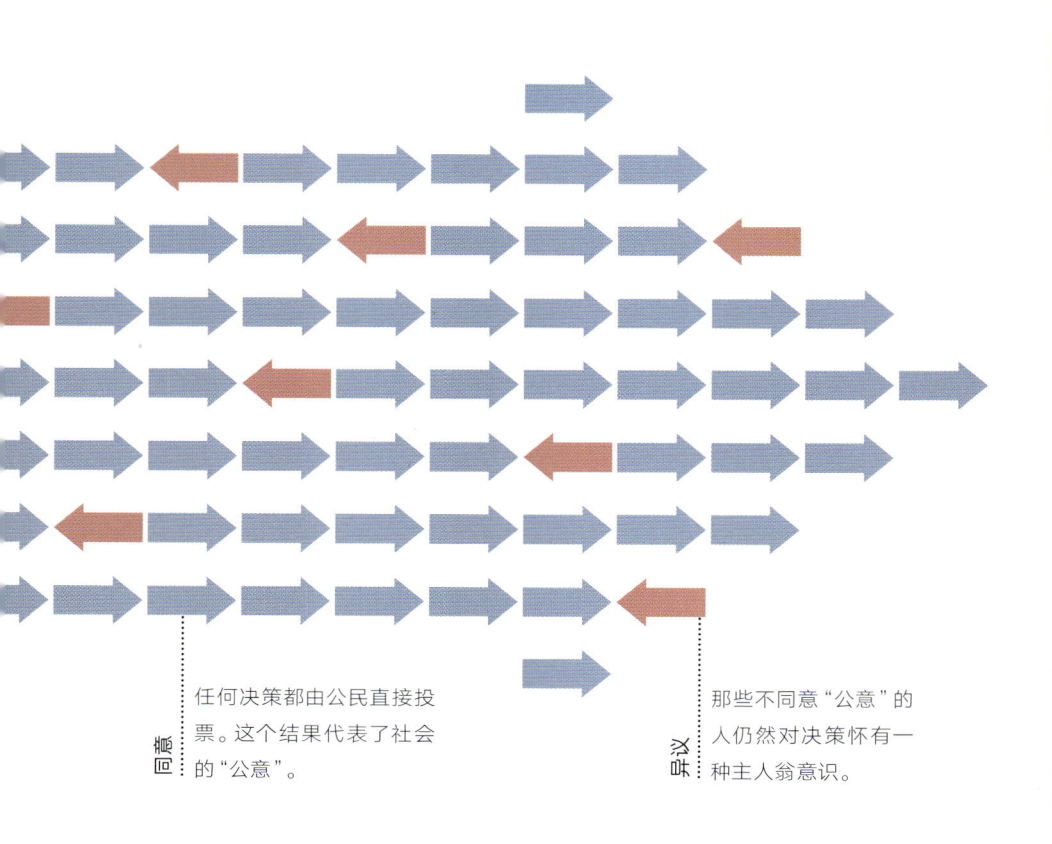

同意 任何决策都由公民直接投票。这个结果代表了社会的"公意"。

异议 那些不同意"公意"的人仍然对决策怀有一种主人翁意识。

人民主权

透明市场

供给

需求

> "我们每天所需的食物和饮料,不是出自屠户、酿酒家或面包师的恩惠,而是出于他们自利的打算。"
> ——亚当·斯密

在《国富论》中,亚当·斯密(1723—1790)主张政府不应该干预经济。他声称创造财富的最佳方式是让市场自我调节——或者,正如他所说,让市场的"看不见的手"在供需之间找到平衡。然而,斯密并不是一个自由至上主义者(见第137页)。他认为,在提供市场正常运转所需的法律框架方面,政府具有重要作用。

共产主义

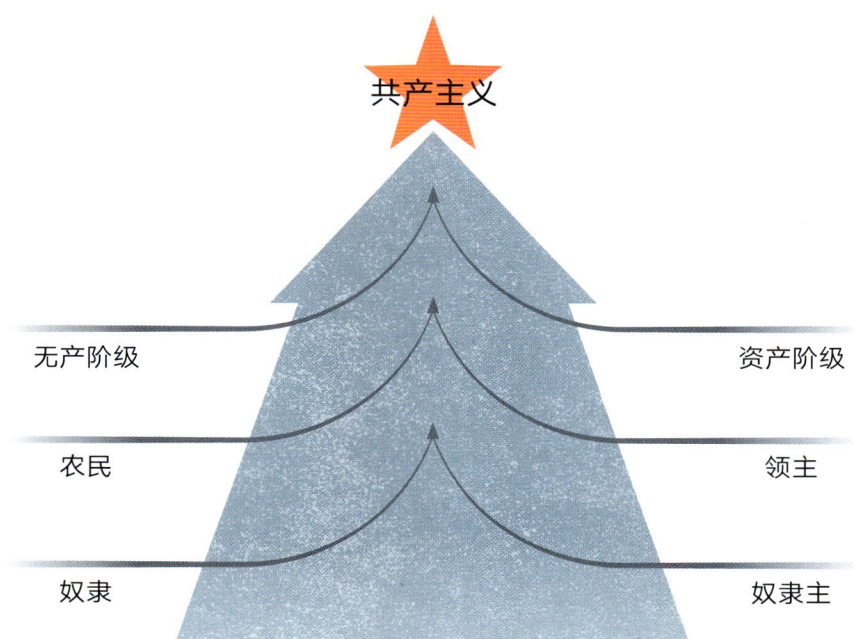

无产阶级 — 资产阶级

农民 — 领主

奴隶 — 奴隶主

德国政治理论家、哲学家卡尔·马克思（1818—1883）的思想建立在乔治·黑格尔"历史是一个辩证过程"的思想之上。马克思认为，历史表现为不同社会阶层（控制财富的人和不控制财富的人）之间一系列经济的或物质的冲突。他认为，每次冲突都会产生一种新的社会形式。例如，封建领主和农民之间的斗争导致了资产阶级（富有的资本家）和无产阶级（工人）的出现，当然他们本身也陷入冲突之中。马克思预言，阶级斗争将会一直持续，直到一个社会财富平均分配的无阶级社会或共产主义社会建立起来。

阶级冲突

128 | 辩证唯物主义

工人社会

卡尔·马克思将共产主义设想为一种新的经济秩序,在这种秩序中社会阶级将消失,生产资料(例如工厂)的所有权将由所有人共享,从劳动中获得的利润也将如此。马克思认为,当劳动人民对资本主义、阶级社会的不满引发革命时,这种新秩序就会建立起来(见上页)。国家作为阶级统治工具将逐渐消亡,取而代之的是代表工人的民选委员会。

"各尽所能,各取所需。"
卡尔·马克思

虚假意识

"批判理论"一词指的是法兰克福社会研究所开展的一系列工作。其成员马克斯·霍克海默(1895—1973)、西奥多·阿多诺(1903—1969)等人试图理解为什么德国马克思主义在20世纪30年代未能成功抵抗法西斯主义,并解释了为什么西欧没有实现共产主义。他们主张,在资本主义社会,当媒体和广告公司将虚假需求强加于公众时,例如追求越来越多的消费品,革命就会受到阻碍。马克思主义术语"虚假意识"指的就是这些虚假需求所造成的心理状态,它阻止人们抵抗资本主义。

被资本蒙蔽
批判理论家认为,资本主义使人们对他们被剥削的事实视而不见——这反过来又阻止了人们表达异议。

> "规训权力通过自己的不可见性来施展。"
> 米歇尔·福柯

多样的公民

教育
工业
监狱

标准公民

常人

米歇尔·福柯认为，并非所有权力都通过压制他人基本自由的某些权威形象运作。他描述了一种依赖法律和监视系统的权力。在一个团体或阶级中，所有人都不再匿名，个体们知道如果他们违反规则就会被识别出来并受到惩罚，因此他们开始服从。规训权力通过机构运作并生产"常人"。根据福柯的说法，这种权力在监狱中体现得最为明显，但它也在其他社会机构中发挥作用，例如学校和工作场所。

国家控制

第二次世界大战后,汉娜·阿伦特(1906—1975)和卡尔·波普尔(见第61页)等哲学家对"极权主义"的概念进行了研究,该概念被用来定义墨索里尼和希特勒的法西斯政府。他们主张,这种制度是民主的敌人,并且宣扬了这样一种观点,即社会可以被"不断改造直至完善"。

强制的意识形态

极权政府主宰着人们生活的方方面面。它通过监视、控制媒体以及国家主导的恐吓来实现这一目标。所有公民都被要求符合国家的社会观。

"有些人总是能感受到个人身份的双重性——既是美国人，又是黑人；两个灵魂时刻交战不休……"

W.E.B.杜波依斯

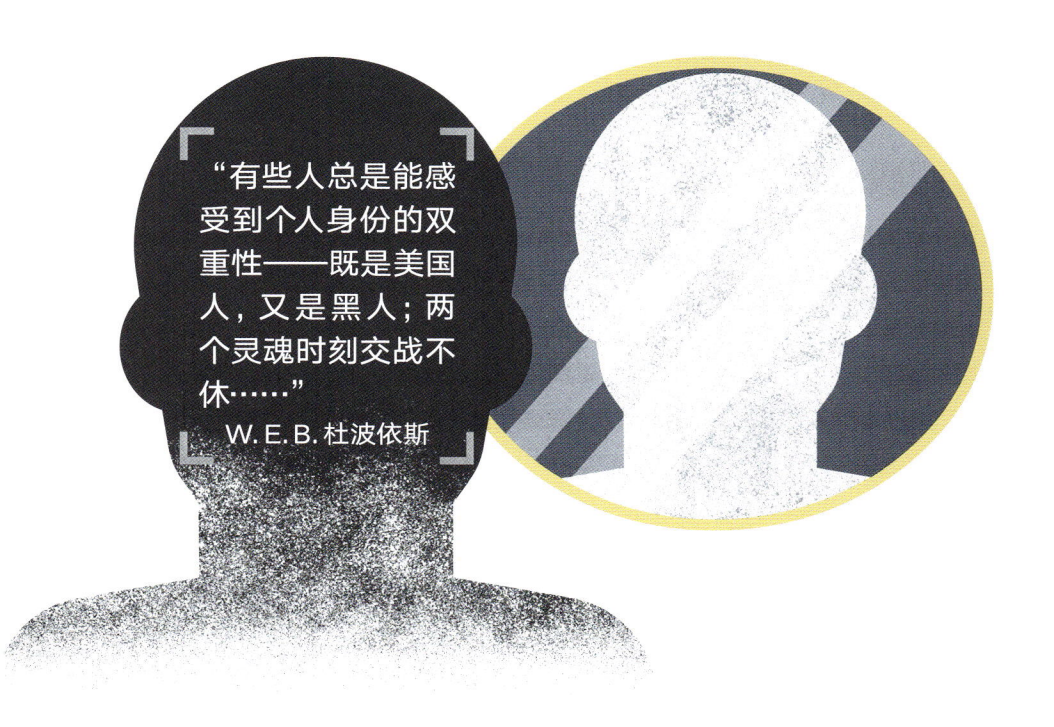

压制的心理

W.E.B.杜波依斯（1868—1963）创造了"双重意识"一词，用来描述在一个种族主义文化中，有色人种所经历的双重的、冲突的身份。他用这个词来定义那些既是黑人又是美国人的体验，以及非洲裔美国人生活在一个他们的前辈是奴隶的社会中所面临的内心斗争。弗朗茨·法农（1925—1961）后来探索了生活在殖民国家的黑人的切身感受。他认为，白人殖民文化将"黑人"与不洁联系在一起，这导致被殖民者对自己的肤色和文化产生负面看法，并渴望获得白人身份。

双重意识 | 133

抛弃政府

在19世纪,无政府主义支持者认为国家是社会控制的工具,是一个社会阶层压迫另一个社会阶层的手段。无政府主义者反对政府统治建立在他们所信仰的人们不需要被强迫、不需要被征税、也不需要被一个中央政治当局代表的基础上。他们支持一个无国家的社会,在这个社会中人们自己组织起来组成地方合作社,每个合作社都致力于促进自由、平等和社会和谐。法国政治活动家和作家皮埃尔·约瑟夫·蒲鲁东(1809—1865)接受了这种意识形态,是第一位自称的无政府主义者。

拒绝国家统治

无政府主义者设想一个由众多自治社区组成的相互联系的网络。在这个网络中,每个社区对别的社区都没有管辖权。

为国家辩护

从20世纪初开始，面对西方社会中出现的大规模问题，国家主义（一种由中央集权政府控制大部分社会事物和经济事务的政治体制）成为一种日益广泛的回应。例如，在1933年，美国总统富兰克林·D.罗斯福颁布了新政以应对经济大萧条。他的大规模国家干预计划寻求在全国范围内提供福利、社会保障、经济支持、电气化以及建设计划。最终，美国联邦政府扩大了其作用并增加了其对国家经济的影响力。

国家控制

在一个国家主义体制中，社会被一个致力于管理经济和社会事务的大型中央政府管理。

国家主义

公平即正义

约翰·罗尔斯（1921—2002）主张，一个社会只有当所有拥有理性的人们都认同其公平时才是真正的正义社会。他提出了这样一个观点：如果人们意识不到他们之间存在着性别、种族、自然天赋或社会地位的差异，他们将不会构建出一个对某些群体或个体们而言不利的社会。相反地，他认为人们在此情况下会支持财富的再分配，为弱势群体提供一个安全网并支持建立通往教育和医疗保健系统等社会机构的平等途径。

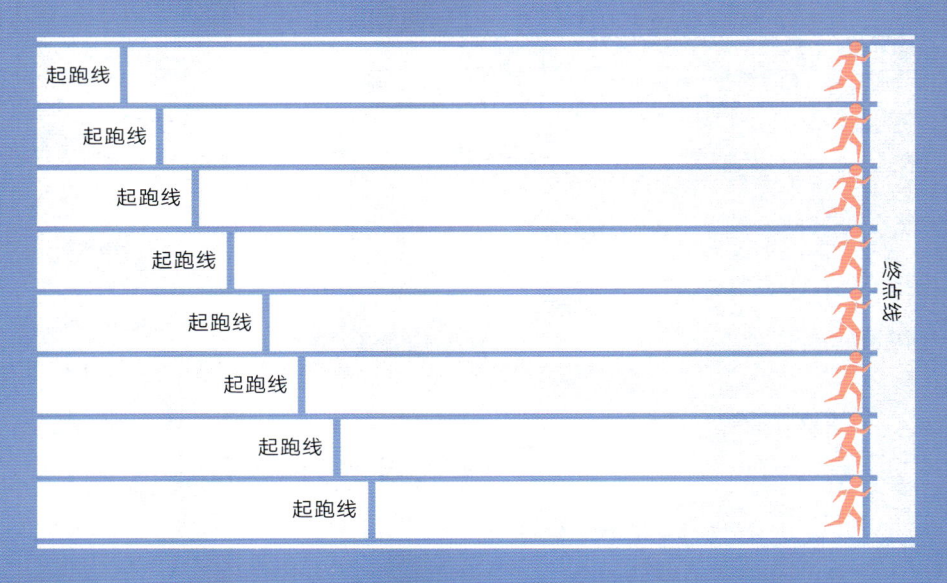

起跑线

起跑线

起跑线

起跑线

起跑线

起跑线

起跑线

起跑线

终点线

"正义的原则是在无知的幕后选择的。"

约翰·罗尔斯

赢在起跑线

罗尔斯声称，人们生来就是不平等的，一个正义的社会是一个将最大利益给予最弱势群体的社会。

自由即正义

罗伯特·诺齐克（1938—2002）不同意约翰·罗尔斯的观点，即一个公正的社会是一个财富被重新分配的社会（见上页）。他主张，如果人们可以自由选择社会，他们可能选择一个他们因承担风险而获得回报的社会——包括身处不利地位的风险。诺齐克声称，财富属于个人，国家不应干涉个人在别人可能失败的地方取得成功的权利。他支持自由至上主义，认为应限制国家以确保个人自由。

自由取胜

诺齐克认为，人们具有不同的才能，无论财富分配如何，他们都应该因使用这些才能而得到奖励。

自由至上主义 | 137

性别平等

女性主义政治哲学家们探讨了男性主导的父权社会中存在的性别不平等问题。玛丽·沃斯通克拉夫特（1759—1797）对女性天生智力不如男性的传统观念提出了挑战。相反地，她声称社会限制了女性并教导她们顺从男性。后来，西蒙娜·德·波伏娃（见第68页）主张，女性身份本身由父权社会创造，父权社会将女性定义为被动和母性的。当代女性主义哲学则探讨了父权制如何与女性对立的其他形式压迫联合，例如，有色人种女性、残疾女性等。这种不同类型的压迫重叠在一起的概念被称为"交叉性"。这个术语由金伯利·威廉姆斯·克伦肖（1959—）创造。

"人们之间彼此相异。"
伊芙·科索夫斯基·塞奇威克

父权制

历史上大多数社会均采取压迫女性的父权制（男性主导）。

女性主义

女性主义哲学支持女性激进主义，是为了将女性从父权制压迫中解放出来。

平等

女性主义者认为，为实现所有性别平等，必须废除父权制。

无限身份

酷儿理论更广泛地关注性别、性征、身份和权力。包括朱迪斯·巴特勒（见第69页）、米歇尔·福柯（见第70页）和伊芙·科索夫斯基·塞奇威克（1950—2000）在内的早期先驱者声称人们的身份由思想塑造，无关生物学，从而动摇了关于性、性别和欲望的传统观念。酷儿理论的一个关键概念是"异性恋规范"：社会如何强化异性恋是"自然的"并因此是"正常的"观念。今天，酷儿理论是一个广泛的研究领域，包括性别和性征的许多不同方面，但它仍然试图挑战异性恋规范的观念。

逻辑与论证

逻辑学探讨的是有些论证优越于其他论证的理由。一个逻辑论证的结论由一组被称为前提的陈述所支持。要分析一个论证，我们就要研究前提是否为真，以及结论是否由这些前提得出。亚里士多德创造了一个能够识别逻辑论证的系统，直到戈特洛布·弗雷格在19世纪发明新的形式逻辑系统之前，哲学家们使用亚里士多德的系统将近2000年。逻辑学还包括对谬误或糟糕论证的研究，以便我们在自己和别人的思维中及时甄别。

提出观点

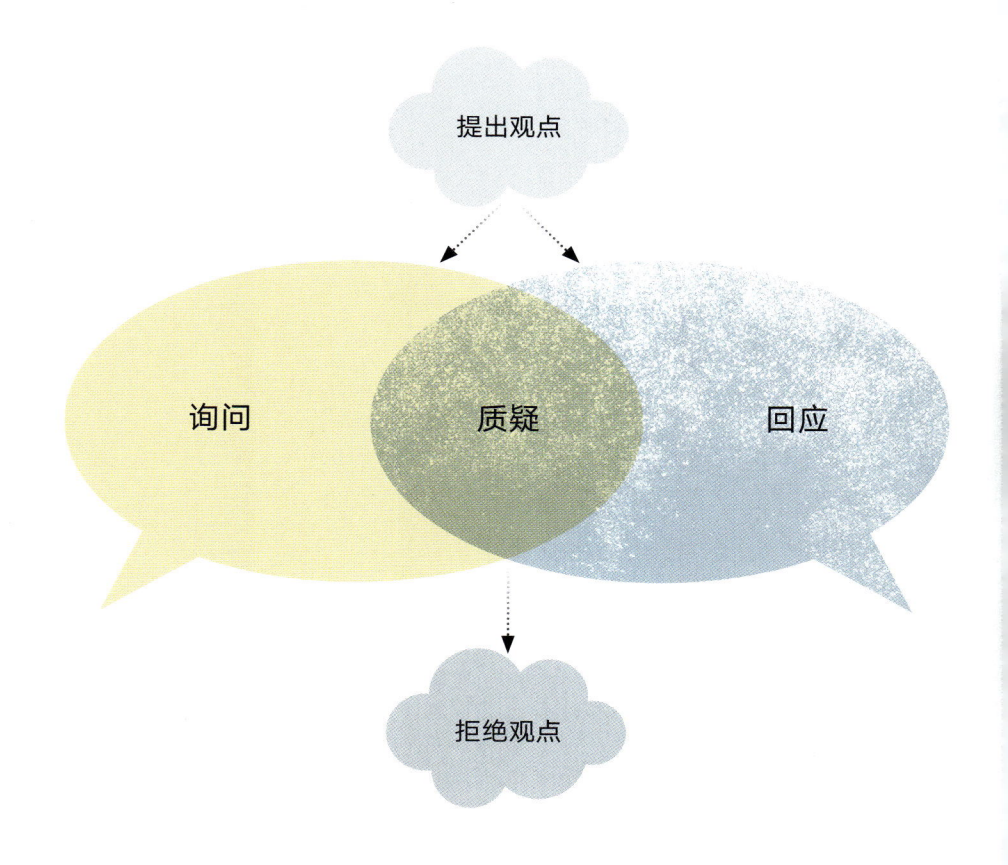

询问　质疑　回应

拒绝观点

质疑答案

根据柏拉图的说法，苏格拉底（约公元前470—公元前399）从事着一种被称为"反诘法"的论证。首先，他确定一个他的对手认为正确的主张（通常关于某种事物的性质，如勇气）。然后，通过提问，他让他的对手同意关于该主张的进一步主张。最后，他揭示出这些进一步主张与最初的主张并不一致，由此证明他的对手一开始就不应该相信它（最初的主张）。

三段论

三段论最早由亚里士多德提出，是一种演绎论证的形式（见第144页）。它有三个句子：一个大前提、一个小前提和一个结论。这些句子的逻辑形式是：所有X都是Y，Z是X，因此Z是Y。根据这种逻辑，同意前提就不可能否定结论，这意味着论证有效。每个句子都有一个主语（例如"猫科"）和一个谓语（主语的性质，例如"动物"）以及连接它们的动词（例如"是"）。

老虎是动物

结论 — 结论告诉我们这只老虎是动物。

老虎属于猫科

小前提 — 小前提包含"猫科"这个词并告诉我们有一种类型的猫科动物是"老虎"（结论的主语）。

猫科都是动物

大前提 — 大前提包含"猫科"（在两个前提中都有）和"动物"（结论中的谓语）这两个词。

> "知识必须建立在必然的基本真理之上。"
> ——亚里士多德

前提1: 所有宝石都是绿色的

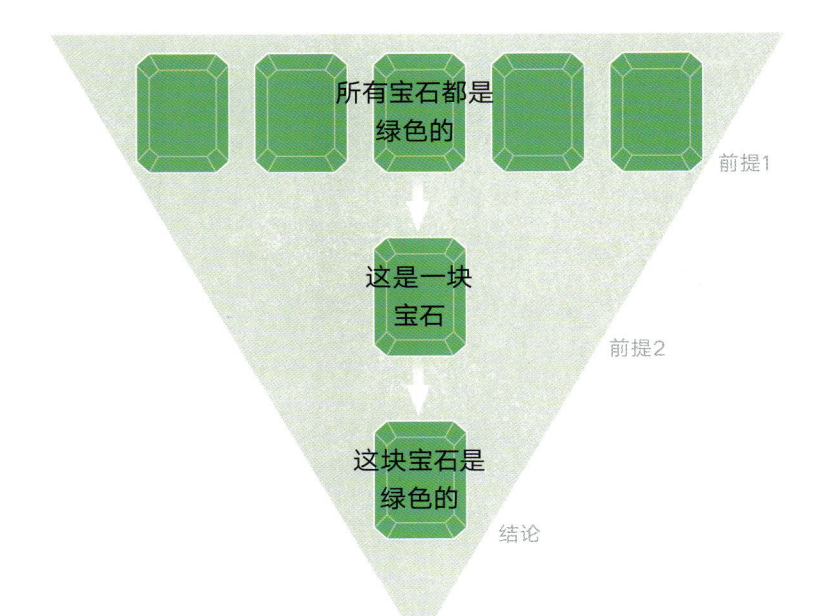

前提2: 这是一块宝石

结论: 这块宝石是绿色的

逻辑结论

一个演绎论证是这样的：如果前提是真的，结论就一定是真的——这纯粹是一个逻辑问题。一个好的演绎论证被称为有效的。如果它也是可靠的（其前提是真实的），那么它的结论就是确定的。一个糟糕的或无效的演绎论证，即使前提正确，其结论也可能是错误的。如果在逻辑上不存在论证的前提为真而结论为假的可能情况，那么这个论证就是有效的。

概率结论

与演绎论证不同（见第146页），归纳论证虽是一种不提供确定性的论证，却能使一个给定的主张更有可能或更没有可能。因此，"有效"和"无效"这两个词不用于归纳论证。一个好的或强大的归纳论证是指：如果前提真实，那么结论可能性非常高。如果前提正确，那么即使是由一个糟糕论证所得出的结论，其可能性也会略微提高。进一步的新证据可以使强归纳论证变弱，或使弱归纳论证变强。

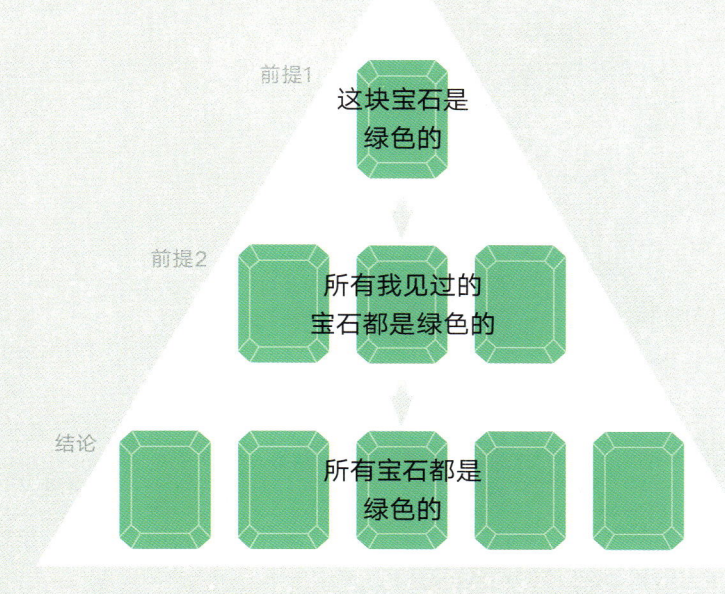

前提1：这块宝石是绿色的

前提2：所有我见过的宝石都是绿色的

结论：所有宝石都是绿色的

评价论证

评价论证包括回答两个问题:"结论是否由前提得出?"和"所有前提都为真吗?"。如果第一个问题的答案是肯定的,那么这个论证的逻辑就很畅通。这里给出条件性知识:如果前提为真,那么结论要么为真(在演绎法的情况下,见第144页),要么可能为真(在归纳法的情况下,见第145页)。如果第二个问题的答案也是肯定的,那么这个论证就是可靠的:结论来自前提,且前提为真。

良好的论证
一个好的论证结论总是从其前提中得出。然而,如果任一前提有误,那么结论也可能有误。好的演绎论证被描述为"有效"。好的归纳论证则被描述为"强有力"。

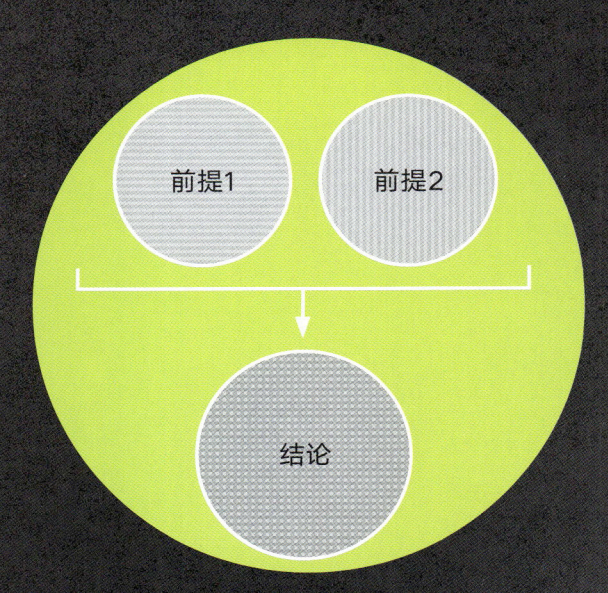

前提1　前提2　→　结论

强有力的论证

如果一个论证是健全的，那么它的结论由其前提得出，而且其前提都为真。这意味着一个合理的演绎论证的结论必然为真，而一个强有力归纳论证的结论可能为真。

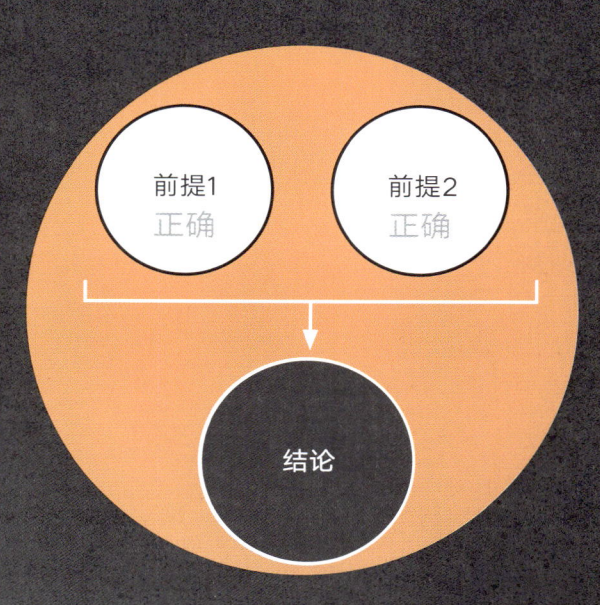

前提1 正确

前提2 正确

结论

逻辑与真理

每个合理的论证都是一个好的论证，但不是每个好的论证都合理。如果一个好的论证有任何一个前提出现错误，那么它就不健全，尽管它在逻辑意义上仍然是好的（也就是说，它的结论确实由前提得出）。

可靠的论证

良好的论证

如果这是一块宝石，那么它就是绿的 → 这是绿色的 ⇝ 这是一块宝石

如果P，则Q　　　　　Q　　　　　　P

糟糕的结构

形式上的谬误取决于一个论证的结构。上面的例子类似于有效的论证"如果P，则Q，P，因此Q"，但它的结构是不正确的"如果P，则Q，Q，因此P"。这就是所谓的"肯定后件式"。

辨析糟糕的论证

　　谬误是指经常被误认为是好的论证的糟糕论证。人们经常推理得很糟糕，但这种推理只有在它与好的推理非常相像时才是谬误。错误的信念可能来自错误的论证，但它们本身并不是谬误。同样，讽刺和夸张可以赢得争论，但它们不一定是谬误。谬误是错误的推理模式，由于它们经常被误认为是良好的推理模式，因此也被人们加以研究和分类。学习谬误有助于我们从自己和别人的推理中发现谬误。

> 我说的都是真相。

> "'想当然',就是用自身的意义来证明并非不言自明的东西。"
> 亚里士多德(《工具论》)

> 我怎么知道能否相信你?

> 我是一个诚实的人。

糟糕的内容

非形式的谬误取决于论证的内容,而不是其结构。在上面的例子中,这个论证之所以有效,只因为它是循环的——也就是说,它的结论包含在它的前提中。这就是所谓的"想当然"。

逻辑谬误 | 149

假说

审查证据

在观察一种现象时,科学家可能注意到一种模式。然后,科学家可能提出一个假说——从他们的观察中得出的一般规则。为了检验这种假说的正确性,科学家会进行实验。如果这些实验的结果不能证明该假说有误(见第61页),那么该假说就可以被接受为科学理论。然而,这并不是说它一定为真;进一步的实验或观察可能推翻它,或者表明它只是部分正确。

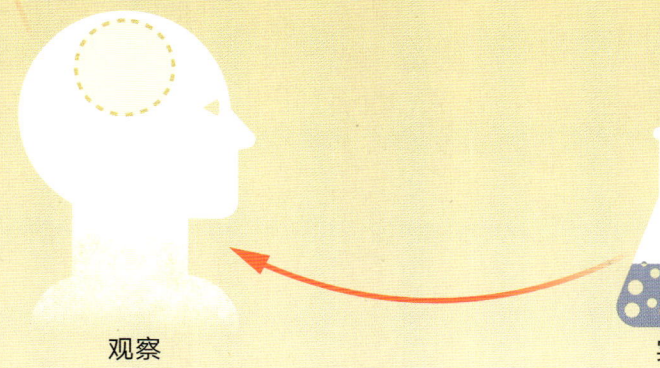

观察

实验

从简的逻辑

有时一种现象会由好几种理论来解释,而我们必须决定哪种理论最有可能是正确的。奥卡姆的威廉(1280—1349)建议,在各种理论之间进行选择的最好方法是从最简单的理论开始,这被称为"奥卡姆剃刀"原则(因为它剔除了复杂性)。该原则指出,一个好的理论只需包含足够解释一种现象的观点即可。人们应该选择这样的理论,而不是那些涉及不必要的假设或复杂性的理论。同样的原则也适用于论证:一个强有力的论证是依靠最少的假设的论证,因为其中任一假设都可能被证明有误。

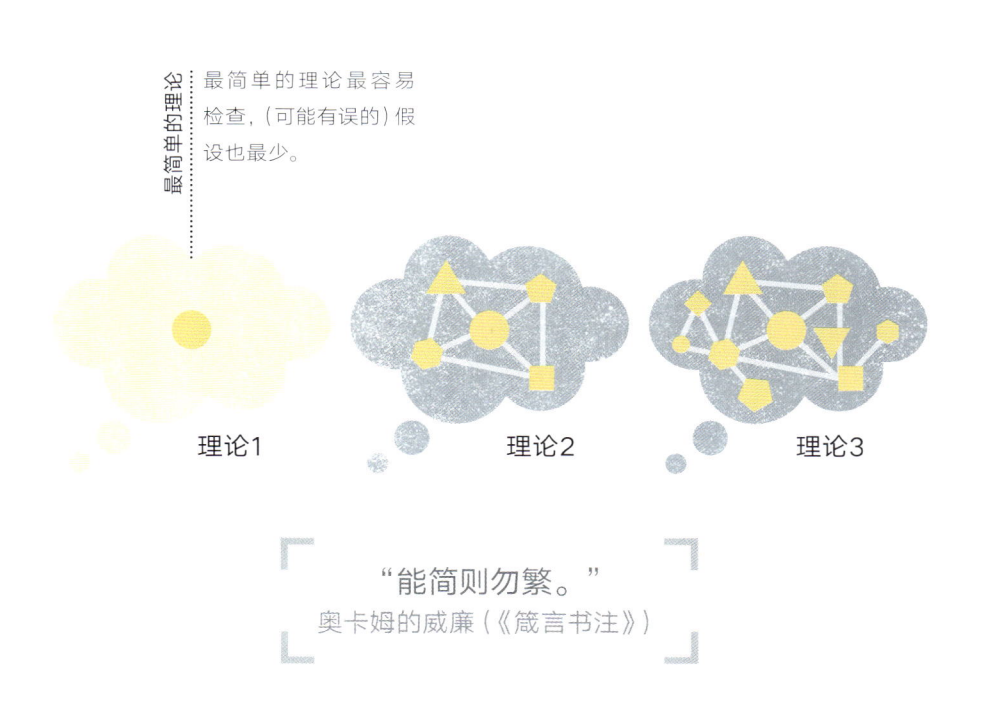

最简单的理论

最简单的理论最容易检查,(可能有误的)假设也最少。

理论1　　理论2　　理论3

"能简则勿繁。"
奥卡姆的威廉(《箴言书注》)

奥卡姆剃刀

前提1

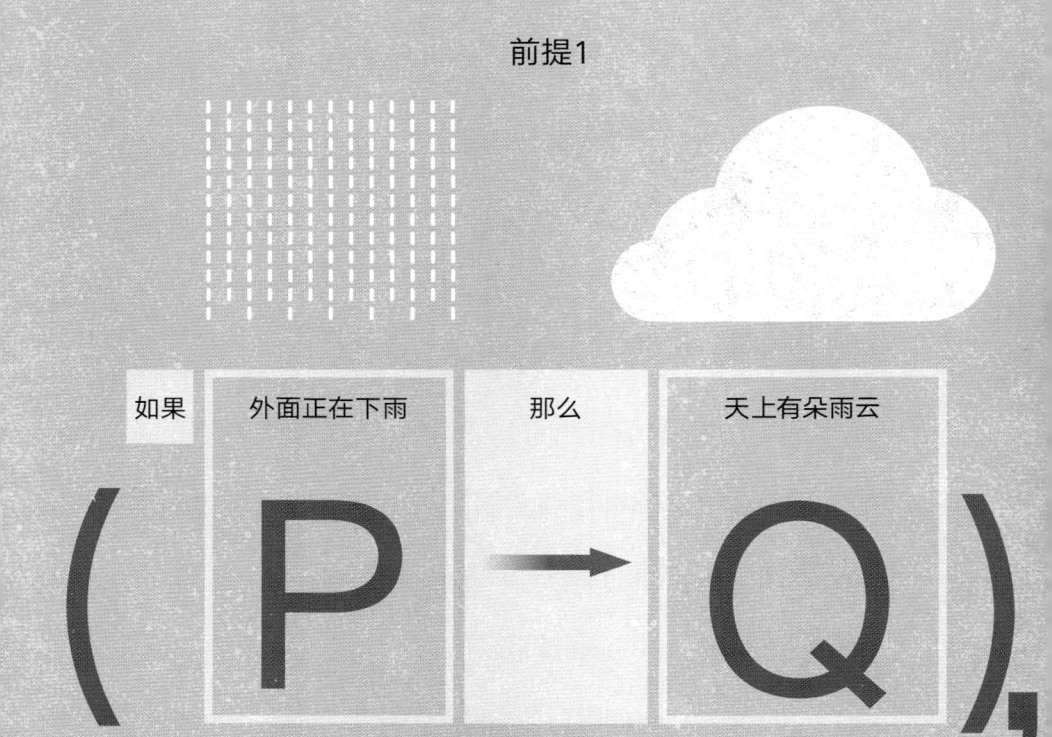

如果 外面正在下雨 那么 天上有朵雨云

$$(P \rightarrow Q),$$

逻辑结构

命题逻辑关注论证结构而非内容。要使用这种方法,第一步是确定在一个论证中哪些句子是其前提、哪些是结论;然后用字母(例如P、Q)代表这些句子,用符号代表连接它们的逻辑词(例如"→"代表"如果……那么……")。圆括号表示符号所涉及的字母,符号"(⊢)"代表"因此",表示结论(符号右侧)是由前提(符号左侧)按逻辑得出。

前提2　　　　　　　　　　　　　　结论

外面正在下雨　　因此　　天上有朵雨云

P ⊨ Q

命题公式
这个命题公式中的字母和符号显示了论证的结构，"如果外面正在下雨，那么天上就有一朵雨云。下雨了，因此天上有一朵雨云"。

> "句子结构描画了思想结构。"
> 戈特洛布·弗雷格

全称量词

绿叶

绿色的东西

全称量词

"所有x"

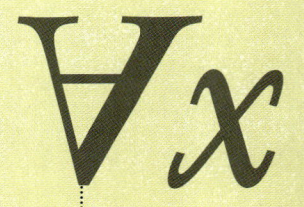

$\forall x$

全称量词∀代表"所有",如"所有绿叶都是绿色的"(规范写法:"对于所有x,如果x是一片绿叶,那么x就是绿色的")。

存在量词∃代表"至少存在一个",如"至少存在一片叶子是绿色的"(规范写法:"至少存在一个x,x是一片叶子,且x是绿色的")。

存在量词

绿色的东西

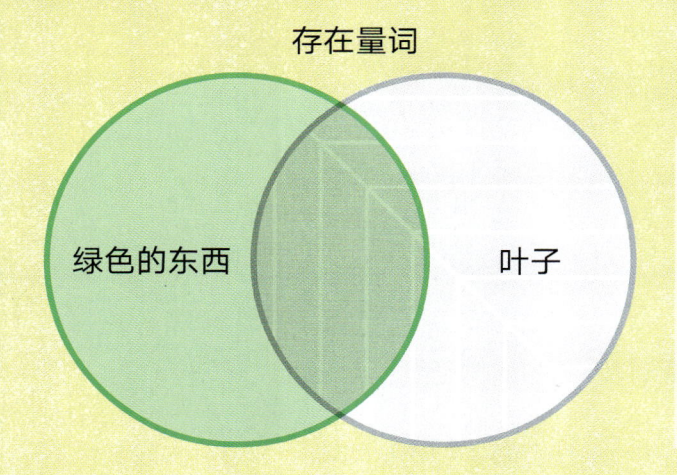

叶子

$\exists x$

表示"至少存在一个x"

$$(\underset{\text{如果}}{} \underset{\text{x是一片绿叶}}{Lx} \underset{\text{则}}{\to} \underset{\text{x是绿色的}}{Gx})$$

使用量词

谓词逻辑建立在命题逻辑的基础上（见第152~153页），引入了诸如"所有"（∀）和"至少一个"（∃）等术语的符号。谓词（见第143页）是不完整的概念；例如，短语"是绿色的"指的是一类绿色的东西，但对其涉及何对象却没有说明。谓词可以由指示词补充完整，如"那片叶子是绿色的"；或由全称量词补充完整，如"所有叶子都是绿色的"；或由存在量词补充完整，如"至少存在一片叶子是绿色的"。

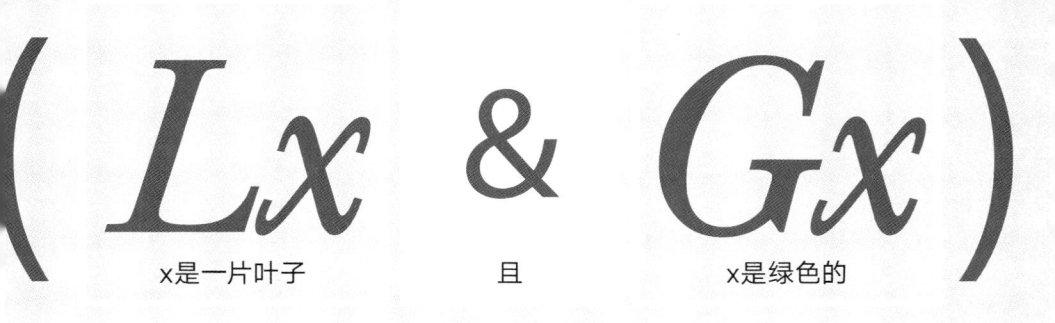

$$(\underset{\text{x是一片叶子}}{Lx} \underset{\text{且}}{\&} \underset{\text{x是绿色的}}{Gx})$$

索引

加粗页码表示该词条主要出现的位置。

A

阿恩·奈斯 117
阿尔伯特·爱因斯坦 75
阿拉克西曼德 12
阿那克西美尼 11
埃德蒙德·胡塞尔 63
艾萨克·牛顿 75
爱德温·波林 86
安萨里 24
奥卡姆的威廉 29,151
奥卡姆剃刀 151

B

八正道 96
巴鲁赫·斯宾诺莎 90
柏拉图 7,18~19,20,28,35, 120,142
悖论 15
本体论证明 26~27
本质主义,亚里士多德式 20
彼得·辛格 116
必然和偶然 41
必然真理 41
毕达哥拉斯 13
变化 14~15
辩证法 46,47
辩证唯物主义 128
波特兰·罗素 53,55
不动的推动者 23

C

财富 127,128,136,137
查尔斯·桑德斯·皮尔士 50,91
超人 113
此在 64
存在 32,33
存在量词 154~155
存在与时间 64~65
存在与时间 64~65
存在主义 66,68
存在主义现象学 64~65

D

大爆炸 23
大卫·休谟 24,39~41,104
单子 31
单子论 30,31,77
道德 98
道德法则 93,99,104,105,106
道德价值 93,112~113
道德普遍主义 108,109
道德起源 112
道德相对主义 109
道德选择 114
德谟克利特 7,17,100
德摩斯梯尼 98
地方性真理 74
第一实体 11,12
第一因 23

电车难题 114
动力因 21
动物 116
动物伦理学 116
洞穴 19
洞穴之喻 19

E、F

二元论 33,77,78,79,80,82,84
法家思想 123
法律 123,131
法西斯主义 130,132
反诘法 142
范式转换 75
非物质世界 33
菲利帕·福特 114
费迪南德·德·索绪尔 71
分析陈述 43
分析和综合 43
弗朗茨·布伦塔诺 62
弗朗茨·法农 133
弗里德里希·尼采 49, 112~113
佛教 96
父权制 68,138,139
副现象论 80
富兰克林·D.罗斯福 135

G

感官 9,18,25,28,32,34,36,

37, 79
感受质 82~83
戈特弗里德·莱布尼茨 31
戈特洛布·弗雷格 53,54,
　141,153
革命 129,130
工具主义 51
公共福祉 119,121
公平 115,136
公平即正义 136
公意 126
功能主义 88,89
功效主义 98,100,102~103,
　116
供需 127
共产主义 128,129,130,132
共相 28~29
寡头制 121
关于什么的关系 41
观察 10,11,40,56,61,150
归纳 40,145
归纳论证 40,145,146~147
规范伦理学 94
规训权力 131
规则功效主义 103
贵族制 121
国家控制 119,132,135
国家主义 135

H

韩非子 123
汉娜·阿伦特 132
盒子里的甲壳虫 83
赫拉克利特 14
赫胥黎 80
黑人 133

后果主义 93, 98, 99
后结构主义 72~73
后现代主义 74
怀疑 25,32,33,34,142
怀疑主义 39
环境 117
环境伦理学 117
荒谬 66

J

机器世界 30
机械中的幽灵 79
吉尔伯特·赖尔 79,85
极权主义 132
即刻经验 82
假设 59,63,67,150,151
假象 15,32,33,75
监视 131,132
僭主制 119,121,124
交叉性 138
焦虑 66
阶级冲突 128,129
杰里米·边沁 93, 98, 100,
　102, 116
结构主义 71,72
解构 73
金伯利·威廉姆斯·克伦肖
　138
经济 127,135
经验 9,20,28,34,35,36~37,
　38,39,42,44,48,53
经验主义 9,36,37,44,62
精神 46~47
句法 89
句法与语义 89
决策 80,110

决定论 110~111
绝对精神 46,47
绝对命令 99,106
君权神授 122,124
君权统治 124
君主的神圣权利 122
君主制 120,121,122,124

K

卡尔·波普尔 61,132
卡尔·弗里德里希 132
卡尔·马克思 128,129
坎特伯雷的安瑟莫 26
看不见的手 127
科学方法 40,150
科学理论 61,75,150
可能的 145
可证伪性 61
空间 75
空间中的同一 25
孔子 97
跨时间同一 16
快乐 100,101,102,107

L

勒内·笛卡儿 25, 32~33,
　35, 53
理解 44, 45, 67,89, 91
理论 61,75,150,151
理念论 18,19,20
理性7,9,10,18,19,22,27,
　34,36~37,56,70,104,106,
　116,148
理性思考 7,36,70,104,105
理性主义 9,34, 35, 44

理智 54, 57
理智 84、智力 88
理智的统一 27
良善 101,102,107
量词 154~155
留基伯 17
路德维希·维特根斯坦 57~60,83
伦理学 93~117
轮回 96
罗伯特·菲尔默 122
罗伯特·诺齐克 137
逻各斯 14
逻辑 141~155
逻辑谬误 148~149
逻辑实证主义 56

M

马丁·海德格尔 64~65
马克思·霍克海默 130
马克思主义 130
玛丽·沃斯通克拉夫特 138
美德 95
美德伦理学 95
米利都的泰勒斯 7,10,11
米利都学派 10
米歇尔·福柯 70,131,139
描述理论 55
描述论或摹状词理论 55
描述为白板 37
民主制 119,121,132
命题演算 152~153,155
命运 110~111
谬误 107,141,148~149
目的 20,21,22,66
目的论,亚里士多德式 22

目的因 21

N

脑 30,33,78,79,80,87,88
尼可罗·马基雅维利 98
涅槃 96
宁静 101
奴隶道德 112,113
女性 68~69,138~139
女性社会角色 68,69
女性主义 68~69,138~139

O、P、Q

偶然真理 41
批判理论 130
皮埃尔·约瑟夫·蒲鲁东 134
飘浮的人 25
平等 134,138~139
普遍规则 106
普莱斯 86
前提 141,143~147,149,152~153
强制的意识形态 132
乔治·贝克莱 38, 39
乔治·黑格尔 46~47,128
乔治·桑塔耶拿 80
情绪主义 105
取消式唯物主义 87
全称量词 154~155
诠释学 67
确定的 32

R

让·保罗·萨特 66
让·弗兰格伊斯·廖塔德 74

让·雅克·卢梭 126
人民主权 126
人文主义 70
认识论 9
认知范围 91
日常语言 60
儒家思想 97
弱势 115,136,137

S

三段论 143
商鞅 123
上帝存在 26~27
上帝意志 24
设计 20, 21
社会契约 124
社会自由主义 136
身份和性别 69,138~139
身体和心智 25,33,77~80,84~85
身心平行论 90
深层生态学 117
神话 10,87
神秘主义 91
神圣权利 122
神因 24
生存 25,32,33,44,64~65
生存现象学 64~65
实体二元论 33
实验 150
实用主义 50, 51
实在或现实 9,19,26~27,33,38,44,47,50,51,57,62,71,72,74,87

实在论 28
市场 115,127
事实与价值的区分 104
视角 49, 82
视角主义 49
释迦牟尼 96
数学 13,34,35,36
双重意识 133
水 11, 12, 14
私人语言 59
四因 21
苏格拉底 142
苏格拉底问答法 142

T

他心 81
太阳 12,13
忒修斯之船 16
天命 122
天体 23,24
天文学 13,54
通过学习获得的知识 37
托马斯·霍布斯 30,31,88,
　124
托马斯·库恩 75
托寓 27

W

外部世界 39
威廉·詹姆斯 50
唯名论 28,29
维也纳学派 56
谓词 143,155
谓词演算 154~155
温和决定论 110,111

文化 109,133
无定 12
无政府主义 134
物理主义 79,86,87
物质世界 33,38
物质主义或唯物主义 30,82

X

西奥多·阿多诺 130
西蒙娜·德·波伏娃 68,69,
　138
昔兰尼的阿里斯蒂普斯 100
先天 35,37,44
先天的 35
先验 44
先验观念论 44
现象界 45,48
现象学 62,63
享乐主义 100,101
心理属性 84
心灵与身体 25,33,77~80,
　84~85
心灵与物质 90
心脑同一论 86
心智、心灵 77~91,28~29,
　33,34~39,77~91
新政 135
星星 13
行动 102~103
行为功效主义 102
行为主义 84~85
形而上学 9
形式因 21
幸福 101,102
性别 68~69,138~139

休谟之叉 41
虚假意识 130
悬置 63

Y

压迫 68,133,134,138~139
雅克·德里达 73
亚当·斯密 127
亚里士多德 20~23,36,66
亚里士多德学派 143
亚瑟·叔本华 48,111
演绎 143,144
演绎论证 27, 143, 144,
　146~147
一个先天和一个后天 42,43
伊本·鲁世德（阿威罗伊） 27
伊本·西那（阿维森纳） 25
伊壁鸠鲁 101
伊壁鸠鲁主义 101
伊芙·科索夫斯基·塞奇威克
　138,139
伊曼努尔·康德 42~45,48,
　53,93,99,106
义务论 93, 99
意识 25, 62~63, 77, 81,
　86, 91
意向性 62,63
意义后结构主义 72~73
意义结构主义 71
意义逻辑实证主义 56
意义图像论 57
意志 48
因循守旧 131
音乐 13
应用 115

应用伦理学 115
硬性决定论 110,111
有限政府 125
宇宙的构成 30,31
宇宙的开端 23,24
语词的使用 58
语词的意义 54,58,72,73,83
语言 53~60
语言的意义 54,72,73
语言后结构主义 72
语言结构主义 71
语言逻辑实证主义 56
语言描述理论 55
语言图画学的意义理论 57
语言游戏 58
语义 89
预先决定 30,110,111
元伦理学和规范伦理学 94
原始胚芽 12
原因和结果 24,66
原子论 17
约翰·杜威 51
约翰·洛克 36~37,125
约翰·罗尔斯 136,137
约翰·塞尔 89

Z

在或存在 32,33
哲人王 120
哲学僵尸 81
真理 49
正义 74,95,97,108,120
政府 119~127,132,134~135
政府的类型 121
政体 121
政治权力 119~139
政治哲学 119~139
芝诺悖论 15
知觉 38,39,44,45,48,81
知识 9,18,20,32,34~39,44,81
指称 54
指示词 155
质料因 21
中庸之道 95
种族主义 133
朱迪斯·巴特勒 69,139
诸神 10
主观观念论或主观唯心论 38
主观主义 105
主奴道德 112

兹比格涅夫·布热津斯基 132
资本主义 128,129,130
自然 10,90,100,117
自然法则 99
自然权利 125
自身 39,87
自我创造 66
自由 112,113
自由即正义 137
自由意志 30,49,66,80,110-111,112,113
自由至上主义 137
自在世界 45,48
自治 134
宗教 7,27,96
宗教和哲学 27
综合 47

致谢

DK感谢以下各方对本书的帮助：插图设计菲尔·甘博和马克，文字校对亚历山德拉·比登，索引整理海伦·彼得斯，高级设计师苏希塔·达兰吉特，DTP高级设计师哈里什·阿加瓦尔，编辑协调员普里扬卡·夏尔马，责任编辑萨洛尼·辛格。

出版商要感谢以下人士，感谢他们允许转载他们的图片：
23Dreamstime.com: 弗拉基米尔·伊因/Wladbvbh。
154Dorling Kindersley: 约翰·德维尔。

所有图片 © Dorling Kindersley
希望获取更多信息，请访问：www.dkimages.com。